古典文獻研究輯刊

十六編

潘美月・杜潔祥 主編

第24冊

《推背圖》研究（下）

翁常鋒 著

國家圖書館出版品預行編目資料

《推背圖》研究（下）／翁常鋒　著 — 初版 — 新北市：花木
蘭文化出版社，2013〔民102〕
目 2+168 面；19×26 公分
（古典文獻研究輯刊 十六編；第 24 冊）
ISBN：978-986-322-175-3（精裝）
1. 預言
011.08　　　　　　　　　　　　　　　　　102002362

ISBN-978-986-322-175-3

9 789863 221753

古典文獻研究輯刊
十六編　第二四冊　　　　　　ISBN：978-986-322-175-3

《推背圖》研究（下）

作　　者　翁常鋒
主　　編　潘美月　杜潔祥
總 編 輯　杜潔祥
企劃出版　北京大學文化資源研究中心
出　　版　花木蘭文化出版社
發 行 所　花木蘭文化出版社
發 行 人　高小娟
聯絡地址　235 新北市中和區中安街七二號十三樓
　　　　　電話：02-2923-1455／傳眞：02-2923-1452
網　　址　http://www.huamulan.tw 信箱 sut81518@gmail.com
印　　刷　普羅文化出版廣告事業
初　　版　2013 年 3 月
定　　價　十六編 30 冊（精裝）新台幣 50,000 元

《推背圖》研究（下）

翁常鋒　著

目次

第五章　《推背圖》流傳考

　　《推背圖》自從出現以來，據史料記載，宋、元、明、清，歷代官方皆把《推背圖》視作妖書圖讖來禁止刊行、出售、傳抄、擁有及流傳，違犯者，多治以重罪，但歷代有志稱王及圖謀叛逆者，往往利用此書的預言或加以編造附會，強化自己天命早定、煽惑群眾，好事者亦多所附會，更加增添其神秘，故而屢禁不絕，一直在民間暗中流傳。即便民國始肇，禁令已解，但由於國事紛亂，民心浮動，《推背圖》之類預言書應運而起，全國各地爭相刊行販售，版本也不一而足。

　　本專書經整理歷朝各代有關《推背圖》的資料發現，以民國時期資料最多，清朝、明朝次之，再往前推移至元代、宋代、唐朝則又更少，故而，分別以三節整理論述之，亦即以唐、宋、元三代流傳考，明、清兩朝流傳考，以及民國以來流傳考，分述《推背圖》流傳脈絡。

　　水能載舟、亦能覆舟。自漢以來，歷代君王因圖讖加持而得天下者，屢見不鮮，知名者如漢光武帝劉秀（卯金刀，帝出復禹之常）、唐高祖李淵（桃李謠）、宋太祖（開口張弓之讖）等，正也因為如此，歷代君王對於《推背圖》之類讖書，多採禁止，以避免自己或後代子孫「天子身份」受到挑戰，確保帝業永保不被推翻。

　　自隋煬帝之後，讖緯之書雖在官方得不到支持，但在民間仍然富有活力，後世或以《推背圖》、〈燒餅歌〉之類讖緯之書，或者藉由童謠的形式繼續存在。然則，必須釐清的是，官方雖禁絕民間流傳讖緯之書，但並不代表君王本人不信此說，隋煬帝即為顯例。究其因，主要也是畏懼讖緯的感染力，深怕有心者作為「輿論工具」，被「取而代之」。據《隋書・經籍志》記載：

煬帝即位，乃發使四出，蒐天下書籍與讖緯相涉者，皆焚之，爲吏
所糾者至死。自是無復其學，密府之內，亦多散亡。〔註1〕

但查《舊唐書》卷一百九十一，列傳一百四十一・方伎・乙弗弘禮列傳，從
隋煬帝與乙弗弘禮的對話可知，隋煬帝亦對「天命之說」深信不疑，焚書之
舉，恐係出於私心，讓民間「無復其學」，企圖永保「帝王基業」。其記：

乙弗弘禮，貝州高唐人也。隋煬帝居藩，召令相己。弘禮跪而賀曰：
「大王骨法非常，必爲萬乘之主，誠願戒之在得。」煬帝即位，召
天下道術人，置坊以居之，仍令弘禮統攝。帝見海內漸亂，玄象錯
謬，內懷憂恐，嘗謂弘禮曰：「卿昔相朕，其言已驗。且占相道術，
朕頗自知。卿更相朕，終當何如？」弘禮逡巡不敢答。帝迫曰：「卿
言與朕術不同，罪當死。」弘禮曰：「臣本觀相書，凡人之相，有類
於陛下者，不得善終。臣聞聖人不相，故知凡聖不同耳。」自是帝
嘗遣使監之，不得與人交言。〔註2〕

事實上，不只隋煬帝，歷代君王中言行不一、前後矛盾者大有人在，明太祖
即爲顯例。《太祖實錄》卷三十三記云：「上謂侍者宋濂等曰：『秦始皇、漢武
帝好尚神仙，以求長生，疲勞精神，卒無所得。使移此心以圖治，天下安有
不理？』」。卷五十九復記：「上頗聞公侯中有好神仙者，悉召至，諭之曰：『神
仙之術以長生爲說……此乃欺世之言，切不可信。』」。然考其他史料，太
祖既謂異術不足信，但卻有屢覓術士、徵納異書之舉，豈不矛盾？《太祖實
錄》所記，恐怕只是故作姿態，未必出自帝王由衷之言。《明史・張三豐傳》
載云：

張三豐……名君實，三豐其號也……太祖故聞其名，洪武二十四年
遣使覓之，不得。〔註3〕

《明史・劉淵然傳》載云：

劉淵然，……幼爲祥符宮道士，頗能呼召風雷。洪武二十六年，太
祖聞其名，召至，賜號高道，館朝天宮。〔註4〕

陸容《菽園雜記》載云：

洪武中，朝廷訪求通曉曆數，數往知來，試無不驗者，必封侯，食

〔註1〕〔唐〕魏徵等撰：《隋書》（北京：中華書局，1973年），頁941。
〔註2〕〔後晉〕劉昫等撰：《舊唐書》（北京：中華書局，1975年），頁5091～5092。
〔註3〕〔清〕張廷玉等撰：《明史》（北京：中華書局，1974年），頁7641。
〔註4〕同前註，頁7656。

祿千五百石。〔註5〕

沈德符《萬曆野獲編》，補遺卷四，載云：

> 本朝讖緯之書，皆有屬禁……洪武二十二年，河南開封府丘縣民劉
> 安壽進禁書，其目曰：「五符太乙書十一種，景祐太乙書一十卷……
> 意其中必有祕術祕訣，今不知內府尚存此等書否？」〔註6〕

吾人可從上述明太祖事例即知，歷代君王對於《推背圖》之類禁書，實有其矛盾複雜情結。本章節〈《推背圖》流傳考〉將從「歷史脈絡」中一一爬梳整理《推背圖》的流傳蘊義與發展脈絡，俾有助研究《推背圖》者從中得到啟發與瞭解。

第一節　唐、宋、元三代流傳考

一、唐　代

高祖武德九年（626）九月，禁妄立妖祠及雜占之術。詔云：

> 民間不得妄立妖祠。自非卜筮正術，其餘雜占，悉從禁絕。〔註7〕

武則天時代對謠讖的禁止是相當嚴酷，嚴酷到滿門抄斬。那時不要說推算、製造謠讖，就是家中收藏謠讖，也要有滅族之禍。唐人段成式的《酉陽雜俎》卷之三，載有這樣一個故事，可以看到當時查禁謠讖的恐怖：

> 天后任酷吏，羅織，位稍隆者日別妻子。博陵王崔玄暉，位望俱極，
> 其母憂之，曰：「汝可一迎萬回，此僧寶志之流，可以觀其舉止禍福
> 也。」及至，母垂泣作禮，兼施銀匙箸一雙。萬回忽下階，擲其匙
> 於堂屋上，掉臂而去，一家謂爲不祥。經日，令上屋取之，匙箸下
> 得書一卷，觀之，讖緯書也，遽令焚之。數日，有司忽即其家，大
> 索圖讖，不獲，得雪。時酷吏多令盜夜埋蠱遺讖於人家，經月，告
> 密籍之。博陵微萬回，則族滅矣。〔註8〕

〔註5〕　陸容：《菽園雜記》，見《今獻匯言》（明高鳴風輯，民國二十六年上海商務印書館涵芬樓景印明刊本）。

〔註6〕　〔明〕沈德符：《萬曆野獲編》（臺北：偉文圖書出版社，1976 年），頁 2409〜2410。

〔註7〕　〔宋〕司馬光編著：《資治通鑑》（臺北：中華書局，1956 年），頁 6023。

〔註8〕　熊月之、錢杭主編：《傳世藏書》（海南：海南國際出版中心，1996 年），子庫・文史筆記 1，頁 13〜14。

雖則武則天嚴禁謠讖製造及傳佈，但對於有利自己掌握權柄的輿論，態度顯然曖昧，不僅制頒《大雲經疏》於天下，且令諸州各置大雲寺，甚至據引神授天命，代唐爲周，改元天授。武則天當朝，懷義等和尚獻呈佛典經義，其中《大雲經疏》有關《推背圖》的記載，爲出土年代最早之有關《推背圖》文獻資料，但與今傳之《推背圖》各版本，似未有直接聯結，惟皆與武后有所關連。《舊唐書》本紀第六·則天皇后，載曰：

> 秋七月，殺豫章王但，遷其父舒王元名於和州。有沙門十人僞撰《大雲經》，表上之，盛言神皇受命之事。制頒於天下，令諸州各置大雲寺，總度僧千人。……九月九日壬午，革唐命，改國號爲周。改元爲天授。〔註9〕

《新唐書》本紀第四·則天皇后，載曰：

> 天授元年……七月辛巳，流舒王元名於和州。頒《大雲經》於天下。〔註10〕

按現存《大雲經》有兩種：北涼曇無讖譯《大方等無想經》、姚秦竺佛念譯《大雲無想經》（僅存卷九），其經文中有「爾時佛告天女。即以女身當王國土。」等語，〔註11〕適提供武則天稱帝有利根據，所以懷義等和尚，就爲《大雲經》作注，亦即《大雲經疏》，以證明武則天「聖明運翔，當爲女主」。但該疏後來佚失，《大雲經疏》一度爲學者認爲並無此書。直至上世紀初在敦煌發現的數以萬計的文書中，其中在敦煌十七號洞窟中恰恰就保存了《大雲經疏》，分別爲編號 S2658 與 S6502 二種不同寫本。〔註12〕

據敦煌出土文物《大雲經疏》，其摘引符命書多種，其中就有書名爲《推背圖》（圖乃圖之古字）。《推背圖》曰：「大蓄八月，聖明運翔止戈昌，女主立丑起唐唐，佞人去朝龍來防，劃清四海，整齊八方。」〔註13〕其中寫本「丑」

〔註9〕 〔後晉〕劉昫等撰：《舊唐書》（北京：中華書局，1975年），頁121。

〔註10〕 〔宋〕歐陽修等撰：《新唐書》（北京：中華書局，1975年），頁90。

〔註11〕 《大正新脩大藏經》第 12 冊，No.387《大方等無想經》卷第四，http://webcache.googleusercontent.com/search?q=cache:x3Lfqq_hcHAJ:tripitaka.cbeta.org/mobile/index.php%3Findex%3DT12n0387_004+&cd=2&hl=zh-TW&ct=clnk&gl=tw，上網日期：2010年10月1日。

〔註12〕 參見王三慶：〈論武后新字的創制與興廢兼論文字的正俗問題〉，《成大中文學報》第 13 期（2005 年 12 月），頁 100。

〔註13〕 黃永武編：《敦煌寶藏》（臺北：新文豐出版公司，1984 年），第 47 冊，斯 6502《大雲經疏》，頁 503。

字，今人較難辨識，依日人常盤大定考訂及董作賓整理，係武后創制之新字，惟因人亡政息而逐漸廢之不用。「圧」即「正」也。

唐高宗永徽四年（653）頒行《唐律疏議》，其律令規範，民間不得私習及私有天文、圖讖等書，違者重罰。此後，宋、元、明、清律令基本多沿襲唐制，對造祆書祆言者皆予嚴處。《唐律疏議》其卷九·第一百一十條「私有玄象器物」明列：

> 諸玄象器物，天文，圖書，讖書，兵書，七曜曆，太一、雷公式，私家不得有，違者徒二年。私習天文者亦同。

> 【疏】議曰：玄象者，玄，天也，謂象天爲器，以經星之文及日月所行之道，轉之以觀時變。《易》曰：「玄象著明，莫大於日月。故天垂象，聖人則之。」《書》云：「在璇璣玉衡，以齊七政。」天文者，《史記·天官書》云天文，日月、五星、二十八宿等，故《易》曰：「仰則觀於天文。」圖書者，「河出圖，洛出書」是也。讖者，先代聖賢所記未來徵祥之書。兵書，謂太公六韜、黃石公三略之類。七曜曆，謂日、月、五星之曆。太一、雷公式者，並是式名，以占吉凶者。私家皆不得有違者，徒二年。若將傳用，言涉不順者，自從「造祆言」之法。「私習天文者」，謂非自有書，轉相習學者，亦得二年徒坐。緯、候及讖者，《五經緯》、《尚書中候》、《論語讖》，並不在禁限。〔註14〕

承上，唐代律令對於製造妖書，詐爲鬼神之語、妖言惑眾者，更是處以絞死殛刑，其卷十八·第二百六十八條「造祆書祆言」明列：

> 諸造祆書及祆言者，絞。造，謂自造休咎及鬼神之言，妄說吉凶，涉於不順者。傳用以惑眾者，亦如之；傳，謂傳言。用，謂用書。其不滿眾者，流三千里。言理無害者，杖一百。即私有祆書，雖不行用，徒二年；言理無害者，杖六十。

> 【疏】議曰：「傳用以惑眾者」，謂非自造，傳用祆言、祆書，以惑三人以上，亦得絞罪。注云：「傳，謂傳言。用，謂用書。」「其不滿眾者」，謂被傳惑者不滿三人。若是同居，不入眾人之限；此外一人以上，雖不滿眾，合流三千里。其「言理無害者」，謂祆書、祆言，

〔註14〕劉俊文點校：《唐律疏議》（北京：法律出版社，1998年），頁212〜213。

雖説變異，無損於時，謂若預言水旱之類，合杖一百。「即私有祆書」，
謂前人舊作，衷私相傳，非己所製，雖不行用，仍徒二年。其祆書
言理無害於時者，杖六十。〔註15〕

唐代宗李豫大曆三年（768）下了一道〈禁天文圖讖詔〉：

敕：「天文著象，職在於疇人；讖緯不經，蠹深於疑衆。蓋有國之禁，
非私家所藏……其玄象器局、天文圖書、《七曜歷》、《太一雷公式》
等，私家不合輒有。今後天下諸州府，切宜禁斷。」〔註16〕

《舊唐書》志第十六・天文下及《唐會要》卷四十四，有載：

開成五年十二月，敕：「司天臺占候災祥，理宜秘密，如聞近日監司
官吏及所由等，多與朝官並雜色人交遊，既乖愼守，須明制約。自
今以後，監司官吏不得更與朝官及諸色人等交通往來。委御史臺察
訪。」〔註17〕

可知唐代天子明令要求天文占星官吏愼守其職，不得將有關天象禍福的秘密
泄漏，包括在朝爲官的人，以防他們藉此密謀串通而有所謂「改正朔、更朝
服」之事發生。

由上可知，唐代禁令天文、讖緯甚嚴，《七曜歷》、《太一雷公式》等皆在
查禁之列。綜觀《舊唐書》以及《新唐書》正史中並無記載《推背圖》一書，
甚至李淳風、袁天綱列傳亦無提及《推背圖》，此外，遍查唐朝詩文作品，亦
尚乏李淳風作《推背圖》或袁天綱作《推背圖》或袁、李二人共作《推背圖》
的直接證據。現存唐代史籍中，僅有《大雲經疏》出現《推背圖》，惜該《推
背圖》佚失，尚難比對彼「失傳《推背圖》」即此「今存《推背圖》」。不過，
必須注意的是，《大雲經疏》所記《推背圖》雖尚難謂乃今存《推背圖》祖本，
但細詳《大雲經疏》所記《推背圖》內容「大蓄八月，聖明運翔止戈昌，女
主立芐起唐唐，佞人去朝龍來防，劃清四海，整齊八方。」則與今存《推背
圖》則皆提及「武后代唐」史事，且新、舊《唐書》列傳中李淳風、袁天綱
皆有分別預言武后代唐、面相貴極之事，而今存《推背圖》作者也以李淳風
與袁天綱爲名。由此可見，《推背圖》的發展源頭，應與「武后代唐」史實有
關，但是否成書於唐代，的確未有定論。

〔註15〕 劉俊文點校：《唐律疏議》（北京：法律出版社，1998 年），頁 373～374。
〔註16〕 《四庫全書》史部一八四・詔令奏議類，頁 761～762。
〔註17〕 楊家駱編：《唐會要》（臺北：世界書局，1974 年），上冊，頁 797。

二、宋　代

　　宋代雖不若唐武則天對於謠讖的禁止那般嚴酷，動輒滿門抄斬，但也不遑多讓，對於那些識天文之類、懂符讖之學，也是多所防範，砍頭者有之，流放者有之，更嚴禁司天監官吏出入臣僚府第，以防勾串結黨。據《聖朝名畫評》所載，五代時期畫家趙元長在後蜀任職，後蜀被宋所滅，蜀主孟昶和群臣一起被送到京城汴梁。宋太祖把這些亡國從臣叫至殿前，凡是學天文之類的一律砍頭。趙元長因在靈台為官，也列入死罪，元長急忙大喊：「臣只懂得畫天象圖，並不懂符讖！」因此，太祖特別開通，留他活命。《聖朝名畫評》曰：

> 趙元長字處善，蜀中人，通天文，歷仕偽蜀孟昶為靈臺官，亦善丹青，凡星宿緯象皆命畫之。國破，元長從昶赴闕下，太祖引偽署官屬凡學天文之類皆不赦，元長當死，遽呼曰臣向仕昶謂，臣能畫寫者，周天象耳，符讖之學，非臣所知。上特原之，配文思院，為匠人。〔註18〕

宋人筆記提及，宋太祖甚至於將流傳已久的《推背圖》，藉混淆排序的方式，讓世人認為不復靈驗，不再私藏。〔註19〕據南宋岳珂（1183～1243）《桯史》「藝祖禁讖書」記載：

> 唐李淳風作《推背圖》。五季之亂，王侯崛起，人有幸心，故其學益熾，「開口張弓」之讖，吳越至以遍名其子，而不知兆昭武基命之烈也。宋興受命之符，尤為著明。藝祖即位，始詔禁讖書，其惑民志以繁刑辟。

> 然圖傳已數百年，民間多有藏本，不復可收拾，有司患之。一日，趙韓王以開封具獄奏，因言犯者至眾，不可勝誅。上曰：「不必多禁，正當混之耳。」乃命取舊本，自己驗之外，皆紊其次而雜書之，凡為百本，使與存者並行。于是傳者懵其先后，莫知其孰訛，間有存者，不復驗，亦棄弗藏矣。

〔註18〕〔宋〕劉道醇撰：《聖朝名畫評・五代名畫補遺》（臺北：國立中央圖書館，1974年），頁19～20。

〔註19〕宋人岳珂《桯史》提及《推背圖》，惟其所記「開口張弓」之讖已不復見於金聖嘆批註《推背圖》版本中，可見後人改作《推背圖》痕跡明顯。詳參本專書第三章第三節〈金聖嘆批註版本真偽辨析〉。

《國朝會要》：太平興國元年十一月，諸州解到習天文人，以能者補靈台，謬者悉黔流海島，蓋以障其流不得不然也。〔註20〕

據宋人莊綽（生年未詳）〔註21〕的《雞肋編》所記，也提及宋神宗查禁《推背圖》，其曰：

范忠宣公自隨守責永州安置誥詞，有「謗誣先烈」之語，公讀之泣下，曰：「神考於某有保全家族之大恩，恨無以報，何敢更加誣詆？」蓋李逢乃公外弟，嘗假貸不滿，憾公。後逢與宗室世居狂謀，事露繫獄，吏問其發意之端，乃云因於公家見《推背圖》，故有謀。時王介甫方怒公排議新法，遽請追逮。神考不許，曰：「此書人皆有之，不足坐也。」全族之恩，乃謂此耳。〔註22〕

宋佚名《古今類事》卷二，帝王運兆門下，〈石晉墜石〉記云：

長興中，雲州雷震，一物墜地，視之，有一石如拳，自契丹界走至太原，馮廷贄得之，覺其中有物，遂椎破之，復有一石，莫之測也。……

耶律德光乃曰：「我聞中國有《推背圖》，欲一見之。」……乃立晉祖，以兵送入洛陽。及帝東遷汴州，乃改爲東京，一依梁朝故事，洎少帝而晉氏滅，即石中有石，兩朝之應也。其石後在太原維摩院功德堂。《出紀異錄》〔註23〕

釋志磐所集《佛祖統紀》卷第四十三載：

（楊文公《談苑》○太祖在周朝爲歸德軍節度使。歸德在唐爲宋州。及受禪遂以宋建國）

先是民間有得〈梁誌公〉銅牌記云：「有一眞人起冀州。開口張弓在左邊。子子孫孫保永年。」江南李主名其子曰弘冀。吳越錢王諸子皆連弘字（弘倧、弘俶、弘億）期應圖讖。〔註24〕

〔註20〕 〔宋〕岳珂撰・吳企明點校：《桯史》（北京：中華書局，1981年），頁2～3。

〔註21〕 莊綽生年不詳，惟據宋人記載及莊綽其著作《雞肋編》所述之事，應生於南北宋之交，經歷北宋神宗至南宋高宗五代。

〔註22〕 蕭魯陽點校：《雞肋編》（北京：中華書局，1983年），頁67。

〔註23〕 〔宋〕無名氏撰・陸心源校刻：《分門古今類事》（臺北：新興書局，1977年），頁961～963。

〔註24〕 《續修四庫全書》（上海：上海古籍出版社，2002年），第1287冊，釋志磐《佛祖統紀》，頁587。

又查釋慧洪所集《林間錄》，亦有相關開口張弓之讖記載：

> 楊文公《談苑》記沙門寶志〈銅牌記〉讖未來事云：「有一真人在冀
> 川，開口張弓在左邊，子子孫孫萬萬年。」江南中主名其子曰弘冀，
> 吳越錢鏐諸子。皆連弘字。期以應之。〔註25〕

宋太宗任內亦多次下詔禁止民間私習天文圖讖，據《宋史・本紀第四・太宗》
記載：

> 開寶九年（太平興國元年）十一月……命諸州大索知天文術數人送
> 闕下，匿者論死。太平興國二年十月丙子，詔禁天文卜相等書，私
> 習者斬。……十二月丁巳朔，試諸州所送天文術士，隸司天臺，無
> 取者黥配海島。〔註26〕

宋太宗要求各州州官要將轄內的天文術士送往中央接受考試，如果及格者，
可以隸司天台之官，但如果不及格的人，便要接受刺青發放海島。此段史實
亦見於《續資治通鑑》卷第十八。宋真宗亦禁止民間私習天文圖讖，據《宋
史・本紀第七・真宗》記載：

> 景德元年辛丑，詔民間天象器物、讖候禁書，並納所司焚之，匿不
> 言者死。〔註27〕

據《宋史・本紀第十二・仁宗》記載：

> 至和元年十二月丙午，詔司天監天文算術官毋得出入臣僚家。
>
> 〔註28〕

《宋史・列傳》卷四百八十七，列傳第二百四十七・外國四・交阯記載：

> 徽宗時，累加開府儀同三司、檢校太師。大觀初，貢使至京乞市書
> 籍，有司言法不許，詔嘉其慕義，除禁書、卜筮、陰陽、曆算、術
> 數、兵書、敕令、時務、邊機、地理外，餘書許買。〔註29〕

《宋史・志一五二・刑法一》記曰：

> 左道亂法，妖言惑眾，先王之所不赦，至宋尤重其禁。〔註30〕

〔註25〕 《欽定四庫全書》（臺北：臺灣商務印書館，1986年），第1052冊，釋慧洪
　　　　《林間錄》，頁796～797。
〔註26〕 〔元〕脫脫等撰：《宋史》（北京：中華書局，1977年），頁54～57。
〔註27〕 同前註，頁123。
〔註28〕 同前註，頁237。
〔註29〕 同前註，頁14070。
〔註30〕 同前註，頁4981。

《宋刑統·造妖書妖言》記載：

> 諸造妖書及妖言者，絞（造，謂自造休咎及鬼神之言，妄説吉凶，涉於不順者）。傳用以惑眾者，亦如之。（傳，謂傳言。用，謂用書。）其不滿眾者，流三千里。言理無害者，杖一百。即私有妖書，雖不行用，徒二年，言理無害者，杖六十。〔註31〕

南宋李燾（1115～1184）編撰《續資治通鑑長編》卷五十六，記有：

> （景德元年春）辛丑詔：「圖緯推步之書，舊章所禁，私習尚多，其申嚴之。自今民間應有天象器物、讖候禁書，並令首納，所在焚毀。匿而不言者論以死，募告者賞錢十萬。星算伎術人並送闕下。」〔註32〕

南宋王應麟（1223～1296）《玉海》記載李淳風與袁天綱合著《太白會運逆兆通代記圖》，但並未記載李淳風或袁天綱或袁、李二人合作《推背圖》。而所記「李淳風與袁天綱合著《太白會運逆兆通代記圖》」，此與歐陽修（1007～1072）撰修《新唐書》卷五十九·志第四十九載有「李淳風與袁天綱共集《太白會運逆兆通代記圖》」相同，考王應麟生年甚晚於歐陽修，應係參考援引《新唐書》。南宋劉克莊（1187～1269）《後村集》，錄有詩人對李淳風與袁天綱感興之作，詩云：

> （李淳風）逆知生女主，預説覆唐宗；誤殺五娘子，安知在後宮。
>
> （袁天綱）似有人推背，相傳果是非；請君看〈秘記〉，若箇洩天機。〔註33〕

劉克莊詩句較特別的是，在《舊唐書》與《新唐書》所記的〈秘記〉一事，乃唐太宗與李淳風的對話，並非袁天綱。但劉氏在寫袁天綱的詩句中，卻將「推背」與「秘記」與袁天綱連結在一起，反倒與《新編五代史平話》所記，袁天綱與唐太宗的對話相合。

　　清末曹元忠所稱宋朝巾箱本《新編五代史平話》，有一段關於推背圖讖的描述，頗值研究參考。此書在元、明以來藏書家的藏目中都未見著錄，1901年曹元忠得於杭州張敦伯家，1911 年董康影印出版，才爲世人所知；此後，有商務印書館 1925 年標點排印本，中國古典文學出版社 1954 年分段標點本，

〔註31〕 薛梅卿點校：《宋刑統》（北京：法律出版社，1998 年），頁 329。
〔註32〕 〔宋〕李燾撰：《續資治通鑑長編》（臺北：世界書局，1961 年），頁 540。
〔註33〕 《文淵閣四庫全書》（臺北：臺灣商務印書館，1986 年），劉克莊《後村集》卷十五·〈詩雜詠一百首〉，頁 11。

河洛圖書出版社 1977 年分段標點本。其記：

> 太宗皇帝一日宣喚袁天綱入司天臺觀覷天文，推測世運。袁天綱在
> 司天臺无事，把那世數推驗，做一個圖識，正在推算，忽太宗到來，
> 唬得袁天綱疾忙起來，起居聖駕。太宗待覷他算個什麼文字，袁天
> 綱進前將太宗背推住，叫：「陛下！不要看覷！」便口占一詩道：「茫
> 茫天運此中求，世代興亡不自由。萬萬千千說不盡，何如推背去來
> 休！」袁天綱道：「天地萬物，莫能逃乎數。天地有時傾陷，日月有
> 時晦蝕。國祚之所以長短，盜賊之所以生發，皆有一個定的，數在
> 其間，終是彈避不過。」那識上分明寫出兩句來。道個甚的？「非
> 青非白非紅赤，川田十八無人耕。」〔註34〕

據該書說法，「茫茫大運此中求，世代興亡不自由。萬萬千千說不盡，何如推
背去來休！」詩讖出自袁天綱與唐太宗的對話，且關於黃巢的詩讖「非青非
白非紅赤，川田十八無人耕」，亦與今日所見明、清《推背圖》抄本相符。該
書雖然隻字未提李淳風，與袁對話者也換成唐太宗，且未如《桯史》、《雞肋
編》明確提及《推背圖》一書，但卻已清楚提及袁天綱與《推背圖》讖文之
間關係，似乎自成另一系統，《推背圖》作者為袁天綱，而非《桯史》所言《推
背圖》作者為李淳風。而本書出版時代甚早，即便如史家所疑並非宋朝巾箱
本，而係元人增刪的本子，但至少已可證明宋、元之際，民間已流傳《推背
圖》與袁天綱有關之說，並且也與上述南宋劉克莊（1187～1269）《後村集》
詩句相合。

　　另外，該書提到郭威從軍前，在汴梁無事閑行，為占此身去就，請陰陽
官費博古占卦的卜文，亦與《推背圖》中與郭威相關的詩讖，幾無二致，但
書中此讖出處為費博古所卜，而非《推背圖》詩讖，其中出入，頗值得考究。
此段關於郭威詩讖，不外三種可能：一者，該詩讖早有流傳，《新編五代史平
話》與《推背圖》分別改編收錄於其書；一者，該詩讖出自《新編五代史平
話》，《推背圖》作者將《新編五代史平話》詩讖納入，以神其驗；一者，該
詩讖出自《推背圖》，《新編五代史平話》作者將《推背圖》詩讖改寫為出自
費博古所卦。其書云：

> 郭威直奔入汴梁，單獨一身，沒個歸著。一日，在御街上閑行，有

〔註34〕 黎烈文標點：《新編五代史平話》（上海：商務印書館，1935 年），《梁史》卷
　　　　上，頁 3～4。

陰陽官費博古設肆賣卦……費博古排下了卦子，問：「丈夫要作何
用？要謀甚事？」郭威道：「咱到此間，待要去充軍；又待要奔歸邢
州鄉里。這卦吉凶怎生？願先生明告！」費博古且將卦影來檢了，
寫著四句詩。那四句詩道個甚的？

「百個雀兒天上飛，九十九個過山西；內有一個踏跛腳，大梁城裏
賃驢騎。」〔註35〕

另外，在道教典籍中亦有《推背圖》相關記載。宋末元初道士趙道一編
《歷世真仙體道通鑑》，成書於元世祖至元三十一年（1294）。其書卷之五十
三．林靈蕭：

宣和元年，先生上奏云：「臣初奉天命而來，為陛下去人魔，斷妖
異，……陛下豈不見袁天綱《推背圖詩》云：兩朝天子笑欣欣，引
領群臣渡孟津，拱手自然難進退，欲去不去愁殺人。臣靈素疾苦在
身，乞骸骨歸鄉。」又降詔不允。〔註36〕

查考前三則出處《後村集》、《新編五代史平話》、《歷世真仙體道通鑑》內
容，袁天綱與《推背圖》確有關聯，且清楚記載袁天綱占云：「茫茫天運此中
求，世代興亡不自由。萬萬千千說不盡，何如推背去來休！」、「兩朝天子笑
欣欣，引領群臣渡孟津，拱手自然難進退，欲去不去愁殺人。」然而觀諸與
此同時之其他史料，如岳珂《桯史》，僅載列李淳風作《推背圖》，後代也多
據《桯史》所載相傳。

綜上，《推背圖》作者於宋代顯然有二種說法，一說直指袁天綱，一說為
李淳風所作，或可推知解答，為何晚清之後《推背圖》版本多署名係袁天綱
與李淳風所作，應係後人亦難定論，遂而合採其說，將袁天綱、李淳風二者
並列之。再者，宋、元、明各朝民間筆記、小說、戲曲亦時常將袁天綱、李
淳風二人相提併論，《推背圖》作者之說，最後合流為李淳風與袁天綱共撰，
自是有其脈絡可循。

〔註35〕 黎烈文標點：《新編五代史平話》（上海：商務印書館，1935 年），《周史》卷
上，頁 7。
〔註36〕 〔宋〕白雲觀長春真人編纂：《正統道藏》（臺北：新文豐，1985 年再版），第
8 冊，頁 7835。

三、元 代

元代順帝至正六年脫脫等撰《宋史・藝文志》，已有《推背圖》的記載，是最早見於正史著錄，不過，卻沒有署名何人所撰。〔註37〕

元朝雖是「異族入主」，但也禁止符瑞讖文的流行。元世組在位期間，屢次下詔廣禁天文星占之書，除政治明令禁天文、陰陽諸書外，並先後指名《推背圖》、《五公符》、《血盆經》、《四教經》等都仕禁止傳布之列。由是可見《推背圖》當時之盛行。

考諸元脫脫等撰《宋史・藝文志》以及元朝官書記載，《推背圖》在元朝確有流傳，並且與白蓮教多有牽連，值得注意的是，《推背圖》未具名何人所撰。《元史・志》卷一百五・志第五十三・刑法四・禁令條云：

> 諸陰陽家天文圖讖應禁之書，敢私藏者罪之。諸陰陽家偽造圖讖，釋老家私撰經文，凡以邪說左道誑民惑眾者，禁之，違者重罪之。在寺觀者，罪及主守，居外者，所在有司察之，諸妄言禁書者，徒。諸陰陽家者流……蠱惑人心者，禁之。諸妄言星變災祥，杖一百七。諸陰陽法師輒入諸王公主駙馬家者，禁之。諸以陰陽相法書符水，凡異端之術惑亂人聽，希求仕進者，禁之，違者罪之。〔註38〕

蒙古人頒布禁書律令，《元史・刑法志》中明載禁令，有其政治上的意義，不外乎著眼於箝制漢人思想，以鞏固「異族統治」基礎。《大元聖政國朝典章》卷三十二、禮部五〈禁收天文圖書條〉：

> 世祖至元三年七月，下旨「天文圖書及《太乙雷公式》、《七曜歷》、《推背圖》，聖旨到日，限一百日，赴本處官司呈納。……若違限收藏禁書，並私習天文之人，或因事發露及有人告首到官，追問得實，並行斷罪。欽此。」〔註39〕

從上可知，《大元聖政國朝典章》一書不只在〈禁收天文圖書條〉中，列舉《推背圖》等禁書民間不得私藏，接著在〈禁斷推背圖條〉中，記載白蓮會作亂查獲經卷有《推背圖》等書；從該書禁令專條一再出現《推背圖》，並且專條指出禁斷《推背圖》，可見元朝民間《推背圖》流傳之廣，已嚴重影響民心，

〔註37〕〔元〕脫脫撰：《宋史》（北京：中華書局，1977年），頁5261。

〔註38〕〔明〕宋濂等撰：《元史》（北京：中華書局，1976年），頁2684。

〔註39〕英宗敕編：《大元聖政國朝典章》（臺北：文海出版社，1964年），據清光緒戊申年（1908年）刊本影印，頁462。

以至於統治者必需強力禁斷。其載：

> 至元十八年（1281）三月，中書省諮刑部，呈奉省判御史台呈行台
> 咨，都昌縣賊首杜萬一等，指白蓮會爲名作亂，照得江南見有白蓮
> 會等名目，《五公符》、《推背圖》、《血盆》及應合禁斷天文圖書，一
> 切左道亂世之術，擬合欽依禁斷，仰與秘書監一同擬議連呈事。奉
> 此移准秘書監關議得，擬合照依聖旨禁斷拘收外，據前項圖畫封記
> 發來事。本部議得若依秘書監所擬，將《五公符》、《推背圖》、天文
> 等圖書，并左道亂正之術，依上禁斷，拘收到官，發下秘書監收頓，
> 相應都省天下禁斷，拘收發來施行。〔註40〕

元代白蓮會作亂史事不只見諸《大元聖政國朝典章》，在元人所撰《大元通制
條格》亦見記載。元拜杜撰《大元通制條格》卷二十八，載云：

> 至元十八年（1281）三月，中書省御史台呈：江南行省咨都昌縣賊
> 首杜萬一等，指白蓮教會爲名作亂。照得江南現有白蓮會等名目，《五
> 公符》、《推背圖》、《血盆》及應合禁斷天文圖書，一切左道亂世之
> 術，擬合禁斷。送刑部與秘書監一同議得，擬合照依聖旨禁斷拘收，
> 都省准擬。〔註41〕

《元史》記載元世祖在位期間，屢次下詔廣禁天文星占之書，除明令禁天
文、陰陽諸書外，並明確指名《推背圖》在禁止傳布之列。《元史·本紀》第
六、第八、第九、第十三，世祖三、五、六、十，分載：

> 至元三年十一月，……詔禁天文、圖讖等書。
>
> 至元十年春正月，……禁鷹坊擾民及陰陽、圖讖等書。
>
> 至元十三年二月，……命焦友直括宋秘書省禁書圖籍。
>
> 至元二十一年五月，……括天下私藏天文圖讖《太乙雷公式》、《七
> 曜歷》、《推背圖》、《苗太監歷》，有私習及收匿者罪之。〔註42〕

元朝雖然短祚，但不只元世祖屢詔禁書，從其他《元史·本紀》或《元史·
列傳》中，皆不乏再次申令禁書，甚至查獲妄引圖讖圖謀不軌之事。諸如：
《元史·本紀》第二十·成宗三記載：

> 大德六年冬十月……林都鄰告浙西廉訪使張珪收藏禁書及推算帝五

〔註40〕同前註，頁463。

〔註41〕郭成偉點校：《大元通制條格》（北京：法律出版社，1999年），頁328～329。

〔註42〕〔明〕宋濂等撰：《元史》（北京：中華書局，1976年），頁112、147、179、
266。

行，江浙運使合只亦言珪沮撓鹽法，命省、臺官同鞫之。〔註43〕

《元史・本紀》第二十九・泰定帝一記載：

泰定二年十二月……申禁圖讖，私藏不獻者罪之。〔註44〕

《元史・列傳》卷一百七十七・列傳第六十四張昇・記載：

武宗即位……民有告寄束書於其家者，踰三年取閱，有禁書一編，且記里中大家姓名於上，昇亟呼吏焚其書，曰：「妄言誣民，且再更赦矣，勿論。」同列懼，皆引起，既而事聞，廷議謂昇脫姦軌，遣使窮問，卒無跡可指，乃詰以擅焚書狀，昇對口：「事固類姦軌，然昇備位郡守，為民父母，今斥誣訴，免冤濫，雖重得罪不避。」乃坐奪俸二月。〔註45〕

《元史・列傳》卷二百九・列傳第九十六・外夷二・安南記載：

大德五年二月，太傅兒渾等奏吏聞來使鄧汝森攜畫宮苑圖本，私買輿地圖及禁書等物。〔註46〕

《元史・列傳》卷二百五・列傳第九十二・姦臣・阿合馬記載：

阿合馬死，世祖猶不深知其姦，令中書毋問其妻子。及詢孛羅，乃盡得其罪惡，始大怒曰：「王著殺之，誠是也。」乃命發墓剖棺，戮屍於通玄門外，縱犬啗其肉。百官士庶，聚觀稱快。子姪皆伏誅，沒入其家屬財產。……又有曹震圭者，嘗推算阿合馬所生年月。王臺判者，妄引圖讖。皆言涉不軌。事聞，敕剝四人者皮以徇。〔註47〕

不止官方《元史》記載殘酷禁斷《推背圖》等禁書，民間筆記小說亦見《推背圖》身影，可見《推背圖》確見盛傳，屢禁不絕。元末孔克齊（生卒年不詳）撰《至正直記》卷四・〈翰林讖語〉條云：

虞伯生翰林云：「方言讖語皆有應時，固無此理，然有此事。如『天翻地轉』，『人化獸，獸為人』。戲言之事，容或有之。凡人世之有是言，必有是事。又如劫灰冥數之類者，未可一一論也。」便如今日世傳《五公經》、《推背圖》書亦然。〔註48〕

〔註43〕 同前註，頁442。
〔註44〕 同前註，頁662。
〔註45〕 同前註，頁4127。
〔註46〕 同前註，頁4650。
〔註47〕 同前註，頁4564。
〔註48〕 上海古籍出版社編：《宋元筆記小說大觀》（上海：古籍出版社，2007年），頁

施耐庵《水滸後傳》第一百一十回〈燕青秋林渡射鴈，宋江東京城獻俘〉：

> 原來方臘上應天書，《推背圖》上道：「十千加一點，冬盡始稱尊。
> 縱橫過浙水，顯跡在吳興。」那十千，是萬也；頭加一點，乃方字
> 也。冬盡，乃臘也；稱尊者，乃南面爲君也。正應方臘二字。佔據
> 江南八郡，隔著長江天塹，又比應百差多少來去。〔註49〕

《水滸傳》版本不一，百回本與百二十回本皆已在明朝流傳，《水滸後傳》姑且不論是施耐庵所寫或後人續作，書中提到「方臘上應天書」，顯見在元、明人士眼中《推背圖》乃屬天書，只是此文本未明言《推背圖》係何人所撰。

至於《推背圖》有關方臘讖言，晚出之金聖嘆批註《推背圖》，並未見收錄有關方臘圖讖，倘若《水滸後傳》所記屬實，恐怕小說中所記《推背圖》版本，已遭後世有心圖謀者改寫。另查民國時人蔡東藩《中國歷史演義全集・宋朝演義》也有描寫方臘應讖此節，應係本出《水滸後傳》。

元朱思本《貞一齋詩文稿・答族孫好謙書》記云：

> 夫星命之説，始於何時，非唐李淳風、袁天綱耶？淳風、天綱事在
> 青史，言人休咎，若合符契。自是厥後，寥寥七百餘年，豈天生二
> 人，亦猶麒麟、鳳凰千百年乃一見耶？今之所謂星命者，斷可知已，
> 往往揣度人意，牽合附會，以媚悦於人，以圖利其身。人之所趨，
> 譽而進之，人之所背，阻而絕之。所謂吉凶、禍福如響應聲者，求
> 十一於千萬，吾未見其能李、袁也。〔註50〕

元《希叟和尚廣錄》卷第三，記云：

> 六六依前三十六上堂。一二三四五六七。數目分明誰委悉。李淳風
> 與袁天綱。推盡先天筭不出。筭得出。昨日五月盡。〔註51〕

以上二則元人筆記文稿，皆將李淳風及袁天綱相提並論，書中所記反映了時人對李淳風及袁天綱的看法，也適提供本研究線索，何以明、清之際流傳《推背圖》版本，已有以二人共撰稱之，箇中緣故似乎隱約可尋。

6645。
〔註49〕〔元〕施耐庵：《水滸後傳》（臺北：文化圖書，1991年），頁311～312。
〔註50〕〔元〕朱思本：《貞一齋詩文稿》（臺北：臺灣商務印書館，1981年），頁15。
〔註51〕《卍新纂續藏經》第70冊，No.1390《希叟紹曇禪師廣錄》，CBETA電子佛典 V1.14普及版，http://www.cbeta.org/result/normal/X70/1390_003.htm，上網日期：2010年9月9日。

第二節　明、清兩朝流傳考

一、明　朝

　　明朝是專制集權空前嚴酷朝代。自開國以來，洪武初年《大明律》即列有天文讖緯凡私家收藏者，杖一百。特別在永樂時期，唯恐「邪說異端，日新月盛，惑亂人心」，皇帝在嚴禁讖緯書之外，更用禁書來管制人民思想，幾乎變得除程朱理學外多屬異端。洪武六年（1374）頒發的《大明律》規定：

> 凡私家收藏玄象器物、天文圖讖、應禁之書，及歷代帝王圖像、金玉符璽等物者，杖一百；若私習天文者，罪亦如之，並於犯人名下，追一十兩，給付告人充賞。……凡陰陽術士，不許於大小文武官員之家，妄言禍福。違者，杖一百。其依經推算，星命卜課者，不在禁限。〔註52〕

《大明會典》卷二二三記載：

> 凡本監（欽天監）人員洪武六年令人員永不許遷動，子孫只習學天文曆算，不許習他業；其不習學者發南海充軍。〔註53〕

《明史》卷九十五·志第七十一·刑法三，亦載：

> 成化十年，都御史李賓言：「錦衣鎮撫司累獲妖書圖本，皆誕妄不經之言。小民無知，輒被幻惑。乞備錄其書名目，榜示天下，使知畏避，免陷刑辟。」報可。〔註54〕

據《明憲宗實錄》卷一三六記載，在當時的禁書名單中就有《推背書》，據中研院後記，史家考證《推背書》應係《推背圖》別稱：

> （成化十年）都察院左督御史李賓等奏：「錦衣衛鎮撫司累問妖言罪人，所造妖本圖書，舉皆妄誕不經之言，小民無知，往往被其幻惑，乞備錄其妖書名目，榜示天下，使愚民咸知此等書籍絕無證驗，傳習者必有刑誅，不至再犯。」奏可。其書有……《轉天圖》、《推背書》。〔註55〕

〔註52〕 黃彰健編：《明代律例彙編》（臺北：中央研究院歷史研究所，1994 年），頁595。

〔註53〕 〔明〕李東陽等撰：《大明會典》（臺北：國風出版社，1963 年），頁2959。

〔註54〕 〔清〕張廷玉等撰：《明史》（北京：中華書局，1974 年），頁2336。

〔註55〕 《明實錄——明憲宗實錄》校勘本（臺北：中央研究院歷史研究所，1964 年），頁2550～2552。

同樣，《明憲宗實錄》卷一三九記載：

> 成化十一年三月庚午朔……寧府儀賓孔永明，以石城王奠堵奏其兄
> 寧王奠培與閱《推背圖》，有僭妄語，赴京奏辦其誣。都察院論永明
> 越關之罪，請赴巡按御史以前事并治之。詔可。〔註56〕

復見《明憲宗實錄》卷一四五，又記：

> 成化十一年九月丁未朔日食……石城王恐前日事情不足以傾害寧
> 王，乃重構虛詞，誣其與儀賓孔永明同閱《推背圖》，有僭妄之語，
> 其設心不義，戕害同氣各亦非小。〔註57〕

從《明憲宗實錄》諸多材料中得知，不僅官府查近民間私藏《推背圖》甚嚴，即便身為宗藩親王，為了構陷手足重罪也誣指其閱《推背圖》居心不義，幸而憲宗不予重懲，雖揆諸有違祖訓，「但念宗藩、姑置不問」、「切責王兄弟，自今宜各加修省、痛改前非」。

又據《明神宗實錄》卷三四五記載：

> 鳳陽巡府李三才奏：「蓋趙古元者，自以宋朝後代，生有異姿，久畜
> 不軌之念，將發大難之端……若化鯨等將市井狂徒，失業怨望……
> 而古元啗以微利，墮其術中，為之羽翼……而造《推背圖》、《陣法
> 圖》，惑眾有證，駢斬何辭……若古元者，干不赦之條，所當嚴緝正
> 典，以絕禍本者也。」〔註58〕

按趙古元即趙一平，慣習妖妄，萬曆二十八年（1600）在杭州等地，因妖術聚眾製造妖書等事，而與當地官府發生衝突，竄逃至徐州，改名趙古元，繼續聚眾，意圖謀反。事見沈德符（1578～1642）《萬曆野獲編》卷二十九〈妖人趙古元〉條。同樣的，在余繼登、何喬遠、陳士元等民間名家筆記中，也不時看到成化年間查禁《推背書》的記載。余繼登（1544～1600）《皇明典故紀聞》卷十五，記云：

> 成化年間因擒獲妖人，追其妖書圖本，備錄其名目，榜示天下，以
> 曉愚民。其書有：……《轉天圖》、《推背書（圖）》、《九曜飛天
> 歷》。〔註59〕

〔註56〕同前註，頁 2599。
〔註57〕同前註，頁 2668。
〔註58〕《明實錄——明神宗實錄》校勘本（臺北：中央研究院歷史研究所，1966
年），頁 6419。
〔註59〕〔明〕余繼登：《皇明典故紀聞》（北京：書目文獻出版社，1995 年），頁 850

何喬遠（1557～1633），《明山藏》卷十六，記云：

> 都察院右都御史李寅奏錦衣鎮撫，累問妖言罪人所追妖書圖本，悉妄誕不經……其書有《番揭地》、《搜神記》……《轉天圖》、《推背（圖）》〔註60〕

陳士元（生年不詳）撰《諸史夷語解義》，有一條〈閉房記〉云：

> 大和九年詔曰：圖讖之興起於於三季，既非經國之典，徒爲妖邪所憑，自今圖讖密緯及名爲《孔子閉房記》者，一皆焚之，留者以大辟論。《閉房記》如俗稱《推背圖》之類。〔註61〕

陳士元此條，與顧炎武《日知錄》所記近同，惟較爲簡略，陳氏亦不如顧氏有名，故後人多略而不提，多引顧氏之說。但考陳氏生年較顧炎武早出甚多，其引「《閉房記》如俗稱《推背圖》之類」，陳氏、顧氏相繼援引《推背圖》作喻，可推知《推背圖》在當時民間流傳，足爲圖讖的代表。

　　明代君工律令殘酷，史不絕書，對於造有妖書者更是極刑以對；褫其官、凌遲死、置熬刑、甚至株連坐死，所在多有，從《明史‧列傳》中列舉數例即知，明代朝廷對於《推背圖》之類視爲妖書圖本的嚴禁態度。《明史‧本紀》卷十三‧本紀第十三‧憲宗，記載：

> （成化）十年夏五月戊申，申藏妖書之禁。……冬十二月甲午，錄妖書名示天下。〔註62〕

《明史‧本紀》卷十五‧本紀第十五‧孝宗，記載：

> （弘治）十七年春二月……己末，嚴讖緯妖書之禁。〔註63〕

《明史‧本紀》卷二十一‧本紀第二十一‧神宗二‧光宗，記載：

> 三十一年，獲妖書，言神宗欲易太子，指斥鄭貴妃，神宗怒，捕逮株連者甚眾，最後得皦生光者，磔之，獄乃解。〔註64〕

《明史‧列傳》卷一百十四‧列傳第二‧后妃二／神宗后妃／鄭貴妃，記載：

> 侍郎呂坤爲按察使時，嘗集《閨範圖說》。太監陳矩見之，持以進

　　　～853。
〔註60〕　〔明〕何喬遠：《明山藏》（北京：北京大學出版社，1993年），頁909～910。
〔註61〕　〔明〕陳士元：《諸史夷語解義》，清光緒十三年應城王氏刻本。
〔註62〕　〔清〕張廷玉等撰：《明史》（北京：中華書局，1974年），頁170。
〔註63〕　詳前註，頁195。
〔註64〕　詳前註，頁293。

帝。帝賜妃，妃重刻之，坤無與也。二十六年秋，或撰〈閨範圖說〉跋，名曰《憂危竑議》，匿其名，盛傳京師，謂坤書首載漢明德馬后由宮人進位中宮，意以指妃，而妃之刊刻，實藉此為立己子之據。其文託「朱東吉」為問答。「東吉」者，東朝也。其名「憂危」，以坤曾有〈憂危〉一疏，因借其名以諷，蓋言妖也。妃兄國泰、姪承恩以給事中戴士衡嘗糾坤，全椒知縣樊玉衡並糾貴妃，疑出自二人手。帝重謫二人，而置妖言不問。踰五年，《續憂危竑議》復出。是時太子已立，大學士朱賡得是書以聞。書託「鄭福成」為問答。「鄭福成」者，謂鄭之福王當成也。大略言：「帝於東宮不得已而立，他日必易。其特用朱賡內閣者，實寓更易之義。」詞尤詭妄，時皆謂之妖書。帝大怒，敕錦衣衛搜捕甚急。久之，乃得皦生光者，坐殛刑。〔註65〕

《明史・列傳》卷二百三十六・列傳第一百二十四・丁元薦／于玉立，記載：

康丕揚輩欲以妖書陷郭正域，玉立獨左右之。會有言醫人沈令譽實為妖書者，搜其篋，得玉立與吏部郎中王士騏書，中及其起官事。帝方下吏部按問，而玉立遽疏辨。帝怒，褫其官。〔註66〕

《明史・列傳》卷二百四十・列傳第一百二十八・葉向高，記載：

帝震怒，遶殿行半日，曰：「此大變事，宰相何無言？」內侍即跪上向高奏。奏言：「此事大類往年妖書，然妖書匿名難詰，今兩造具在，一訊即情得。陛下當靜處之，稍張皇則中外大擾。至其詞牽引貴妃、福王，尤可痛恨。臣與九卿所見皆同，敢以聞。」〔註67〕

《明史・列傳》卷三百五・列傳第一百九十三・宦官二・陳矩，記載：

錦衣都督王之楨，千戶王名世、王承恩等相結，謀易太子，其言益妄誕不經。矩獲之以聞，大學士賡奏亦入。帝大怒，敕矩及錦衣衛大索，必得造妖書者。時大獄猝發，緝校交錯都下，以風影捕繫，所株連甚眾。……禮部侍郎李廷機亦以生光前詩與妖書詞合。乃具獄，生光坐凌遲死。〔註68〕

〔註65〕詳前註，頁3538。
〔註66〕詳前註，頁6158。
〔註67〕詳前註，頁6233。
〔註68〕詳前註，頁7813～7814。

《明史・列傳》卷三百七・列傳第一百九十五・佞倖・門達逯杲，記載：

> 校尉言：「斌素藏妖書，謂其弟健當有大位，欲陰結外番爲石亨報讐。」杲以聞，下錦衣獄，達坐斌謀反。帝兩命廷臣會訊，畏杲不敢平反。斌兄弟置極刑，坐死者二十八人。〔註69〕

郎瑛（1487～1566）《七修類稿》卷十五：

> 《推背圖》，傳唐李淳風作也。予嘗於萬都憲五溪處見之，杳難明驗，因而告曰：「記憶宋禁讖書，犯者日眾，藝祖特以此書紊其次而雜書之，傳數百本于人間，使傳者懵其先後，不復可驗，遂爲棄之。此或是歟？」五溪曰：「得矣，可以告同類不觀可也。」〔註70〕

郎瑛乃明代藏書家，所收經史文章，雜家之言、鄉賢手迹等，八十歲時，「猶日綜群籍，參互考訂」。其人精於掌故、天文和考證。《七修類稿》分爲天地、國事、義理、辯證、詩文、事物、奇謔等七類，所記親賭《推背圖》情事，可供參考明代《推背圖》版本混亂情況。

柯維騏（1497～1574）《宋史新編》記有《推背圖》一卷及《太白會運逆兆通代記圖》一卷。其重要性在於柯維騏清楚記載《推背圖》及《太白會運逆兆通代記圖》二書，可知二者爲不同內容之書，且明代距宋、元尚猶未遠，蓋據此條推論，今有學者疑《唐書・藝文志》所記「李淳風、袁天綱共集《太白會運逆兆通代記圖》」應爲《宋史・藝文志》「不錄撰人之《推背圖》」，實爲臆說，並無憑據。

朱國禎（1557～1632）《湧幢小品・卷三十二・妖人物》有一段關於明代禁絕《推背圖》的敘述，大致與《明憲宗實錄》卷一三六所載相同，敘述明憲宗成化年間，王良以傳揚法聚眾作亂，事敗被殺，被查獲妖書圖本九十種之多，其中《推背書》應係《推背圖》。

> 於是左督李秉等，奏錦衣衛鎮撫司，累問妖言罪人所造妖本圖書，舉皆妄誕不經之言，小民無知，往往被其幻惑，乞備錄其妖書各目，榜示天下，使鄉民咸知此等書籍，絕無驗證，傳習者必有刑誅，不至再犯。奏可。其書有：《番天揭地搜神紀經》、《金龍八寶混天機神經》、《安天定世繡瑩闕》、《九龍戰江神圖》、……《轉天圖》、《推背書》。〔註71〕

〔註69〕詳前註，頁 7879。
〔註70〕〔明〕郎瑛：《七修類稿》（北京：文化藝術出版社，1998 年），頁 119。
〔註71〕《筆記小說大觀叢刊》（臺北：新興書局，1981 年），第 22 編・第 7 冊，《湧

謝肇淛（1567～1624）《五雜組》卷十三・事部一，亦有關於《推背圖》的記載：

> 今世所傳有《推背圖》，相傳李淳風所作，以占帝王世次，其間先後錯亂，云是宋太祖欲禁之不可，乃命取而亂其序，并行之。人見其不驗，遂棄去。然多驗於事後，雖知之何益？聖人所謂百世可知者，豈是之謂哉！〔註72〕

郎瑛、柯維騏、朱國禎、謝肇淛都是明朝有名學問家，朱國禎且官拜禮部尙書兼文淵閣大學士。熹宗晚年，繼向高、韓爌爲首輔，四人分跨不同年代，卻都接連在其著作中提到《推背圖》，可見《推背圖》一書流傳甚廣，官方禁之不絕。

另據黃景昉（1596～1662？）撰《國史唯疑》卷二，永樂・洪熙・宣德，其載：

> 永樂元年……解縉評塞義等十人，軒輊各異。其云：「陳瑛刻於用法，好惡頗端」。按瑛最鷙毒，方練獄多出其手，安得端豈縉微譖之，且爲勸進諸同事解嫌？「李至剛誕而附勢，雖才不端」，卒爲至剛所譖……解學士既下獄踰年，會交趾陳季擴叛，搜得番書叛詞，經解手中多誣謗，文皇怒，遂不解，恣死獄中。諸門徒多逮繫者，解家譜，又云誣以私撰《實錄》及收藏《推背圖》等書，想高煦輩，寔陰中之謀毒甚，死不償責。〔註73〕

倘據明末黃景昉所記，解縉遭人構陷，誣之罪名包括私藏《推背圖》及私撰《實錄》等，即可證諸明代查禁《推背圖》之嚴。

查《明史》卷一四七〈解縉傳〉所載，解縉乃明初三朝的名臣，其傳文字之長，有明一代無人可及。史載解縉（1369～1415）字大紳，洪武二十一年進士，選庶吉士，授江西道監察御史，以其年少，令還家進業。太祖崩，縉奔喪至京，有司劾非詔旨，謫河州衛吏。用薦召爲翰林待詔。成祖入京，擢侍讀，命與黃淮、楊士奇等入直文淵閣。累進翰林學士，兼右春坊大學士。奉命主編《永樂大典》，但在立儲問題上直言進諫，得罪了漢王高煦，數構讒言。又諫討交趾忤旨，遂出廣西布政司右參議。既行，爲李至剛所

幢小品》，卷三十二，頁7。

〔註72〕〔明〕謝肇淛：《五雜組》（臺北：新興書局，1971年），卷十三・事部一，頁1118。

〔註73〕〔明〕黃景昉撰：《國史唯疑》（臺北：正中書局，1969年），頁77～78。

構陷，改貶交趾，高熙又陷以他事，誣以私藏《推背圖》等書，下詔獄死，年四十七。可見，明初朝廷查禁《推背圖》之嚴，奸逆者皆可以此誣陷政敵。

　　由上可知，即便明代朝廷將《推背圖》列爲禁書，並對私藏者處以極刑，但從相繼出現的明代藏書家的藏書書目中，不時可見《推背圖》的身影在民間流轉，干冒殺身之禍而私藏《推背圖》者，不乏其人。例如：明徐燉《徐氏紅雨樓書目》卷三・子部卜筮類，收錄：「袁天罡《推背圖》一卷。」〔註74〕明晁瑮《晁氏寶文堂書目》卷二十三，陰陽類，收錄有：「《推背圖》。」〔註75〕明祁承㸁撰《澹生堂藏書目》卷六・子類第九，亦收錄有「《推背圖說》一冊（一卷抄本）。」〔註76〕

　　值得注意的是，《晁氏寶文堂書目》、《澹生堂藏書目》所錄《推背圖》、《推背圖說》並未列出作者，僅《徐氏紅雨樓書目》載記袁天罡作《推背圖》。《晁氏寶文堂書目》成書於嘉靖間（1522～1566），《徐氏紅雨樓書目》初編於萬曆三十年（1602），《澹生堂藏書目》始自萬曆四十一年（1613），祁氏築澹生堂藏書樓校勘抄錄藏書。據此三條明代藏書家書目資料辨析，似可得一結論，亦即在明代，民間相傳的《推背圖》，至少已有二種不同書名版本，一名爲《推背圖》，一名爲《推背圖說》。也就是說，《推背圖說》書名，明朝已有確切資料顯示，流傳至清朝乃至民國年間，惜《澹生堂藏書目》僅記《推背圖說》書名，未能敘及內容，亦未註明作者，無法進一步比對作者相關資料。並且值得注意的是，此三款明代藏書若非未註明作者，就是僅署名袁天罡《推背圖》，此與南宋岳珂《桯史》所言「李淳風作《推背圖》」迥異，似可證明《推背圖》作者之說，宋、明之際確有分爲二流，一說李淳風，另一則認爲係袁天綱（罡）。

　　再者，依藏書家書目分類，《推背圖》歸爲「陰陽、卜筮之類」，並非與焦延壽《易林》同歸「易類」，亦可反證晚出之金聖嘆批註《推背圖》，係屬後人結合焦延壽《易林》，期藉之從「陰陽、卜筮之類」提升至「易類」位階，以取信時人，製造祕本無可質疑假象，一如編者清溪散人跋語所稱「民國時

〔註74〕　《書目類編》第 28 冊（臺北：成文出版社，1978 年），《徐氏紅雨樓書目》，頁 326。

〔註75〕　《書目類編》第 28 冊（臺北：成文出版社，1978 年），《晁氏寶文堂書目》，頁 167。

〔註76〕　〔明〕祁承㸁撰：《澹生堂藏書目》（北京：中華書局，1999 年），頁 701。

代例無忌諱，李君承其先志囑爲刊行，以公諸世，一以矯正坊刻之多訛，一以警勸國民於將來」。〔註77〕

毛晉（1599～1659）所輯《六十種曲》明刻本中，第一百卷《雙烈記上・第五齣　妄尊》淨扮方臘有段科白：

> 宋室當亡我國興，鼓笳百里列軍營，鞭稍指處風雷捲，齊晉燕秦一踏平。自家清溪聖公方臘是也，《推背圖》讖云：「十千家一點，冬盡始稱尊」分明上應天書，道咱有天子福分，如今果然占據睦州，甲兵百萬。〔註78〕

由此條材料，明末藏書家毛晉的戲曲精選刻本《六十種曲・雙烈記》中，收錄《推背圖》方臘讖文，我們可以發現，《推背圖》雖遭朝廷查禁未能公開刊刻面世，但其書名及詩讖仍透過民間戲曲輾轉流傳，影響民間深遠。

顧炎武（1613～1682）對於《推背圖》的敘述，可從其言得知《推背圖》風行於民間，並從儒家不語「怪力亂神」的角度，斥之爲後人僞託李淳風之作，假借「帝王易姓受命之說」神話，遂其政治野心。《日知錄》卷三十〈孔子閉房記〉云：

> 自漢以後，凡世人所傳帝王易姓受命之說，一切附之孔子。如沙丘之亡，卯金之興，皆謂夫子前知而預爲之讖。其書蓋不一矣。魏高祖太和九年詔，自今圖讖秘緯及名爲《孔子閉房記》者，一皆焚之，留者以大辟論。《舊唐書・王世充傳》：世充將謀簒位，有道士桓法嗣者，自言解圖讖，乃上《孔子閉房記》，畫作丈夫持一竿以驅羊，釋云：「隋楊，姓也；竿一者，王字也。王居羊後，明相國代隋爲帝也。」世充大悅。詳此，乃似今人所云《推背圖》者，今則託之李淳風而不言孔子。〔註79〕

朱長春，字大複，烏程人。萬曆癸未進士，官刑部主事。據《四庫全書總目提要》評析其文「亦可稱敢於大言矣」，朱氏所見亦與顧炎武近同，其《管子榷》卷十二・侈靡第三十五・短語九，記有：

> 此後世讖數緯符之說，推背代運之圖，加倍後天之法乎！恐五德所不該，洪範志所不載，陰陽家所不識，九流六儒又其詘矣。〔註80〕

〔註77〕朱肖琴補註：《中國預言八種》（臺北：集文書局，1984年），頁105。
〔註78〕〔明〕毛晉：《六十種曲》（臺北：臺灣開明書局，1970年），頁14。
〔註79〕〔明〕顧炎武：《原抄本日知錄》（臺北：明倫書局，1970年），頁865～866。
〔註80〕〔明〕朱長春：《管子榷》明萬曆四十年張維樞刻本，頁57。

潘喆等輯《後金檄明萬曆皇帝文》載：

> 《推背圖》云：一□□弓立，豈非夷字耶？不知或夷人入主中國，
> 或中國別有夷姓名者以亂天下也，天預示兆，□□有驗，終不能違
> 矣。〔註81〕

《後金檄明萬曆皇帝文》作者不詳，北京圖書館善本室館藏，現藏書殘缺，全文約四千餘字，撰於天命四年（1619）八月滅亡北關葉赫以後，其內容是後金（努爾哈赤於赫圖阿拉城建立後金）用於宣傳的印刷材料，分別有滿文及漢文版本，它以檄文的形式，舉出中國歷史上興亡的十九個例子，以證明「後金必勝，明朝必敗」的道理，為後金奪取政權製造輿論。

　　《後金檄明萬曆皇帝文》，其珍貴處在於清朝入關前，異族也利用中原朝野普遍相信《推背圖》之神驗，藉此強化後金取代明朝的政治天命。雖然檄文部分文字脫落，但語意仍清晰可解，且有滿文及漢文版本，本研究且試推敲增補脫落之文字為「一人持弓立」及「前徵有驗」，有識者或可比對滿文以明其貌。此檄文明白揭示《推背圖》「天預示兆，終不能違」，強調後金入主中國，天命早有安排，為後金圖謀中國的野心取得正當性。此檄文益加證明《推背圖》經常因為政治野心者的強加附會，甚至刻意竄改，以神其驗，就連異族者亦「有樣學樣」、「如法泡製」，而「廣為相傳」終至「神乎其神」，被譽為中國「圖讖天書」，每每神驗中國千百年來的歷史發展。

　　明末清初方以智（1611～1671）撰《通雅》卷三，〈釋詁〉，記云：

> 流演軌革易占也，卦影圖占也……。《東軒筆錄》曰：孝先常為李璋
> 作卦影，為五鳳五圖，後驗，獨王平甫不喜曰：「卦影驗於事後，何
> 足問邪？今《推背圖》之類也。」〔註82〕

《通雅》全書共五十二卷，收錄於《四庫全書》，列子部‧雜家類，紀曉嵐對於方以智極為推崇，《四庫全書提要》中論及：「以智崛起崇禎中，考據精賅，迥出其上，風氣既開。國初顧炎武、閻若璩、朱彝尊等沿波而起，始一掃懸揣之空談，其中千慮一失，或所不免，而窮源溯委，詞必有徵，在明代考證家中，可謂卓然獨立者矣。」所記王平甫乃王安石之弟，卒於宋神宗元豐三

〔註81〕潘喆等輯：《清入關前史料選輯》（北京：北京中國人民大學出版社，1984年），第1輯，頁291。

〔註82〕《文淵閣四庫全書》（臺北：臺灣商務印書館，1986年），第857冊，《通雅》卷三，釋詁，頁119～120。

年（1080），可見當時文人皆知《推背圖》，此條適可佐證南宋莊季裕的《雞肋編》記載：「范忠宣公自隨守責永州安置誥詞……逢與宗室世居狂謀，事露繫獄，吏問其發意之端，乃云于公家見《推背圖》，故有謀。時王介甫方怒公排議新法，遽請追逮。神考不許，曰：『此書人皆有之，不足坐也。』」，神宗年間《推背圖》人皆有之，確有其事。

方以智此條至為關鍵，對於《推背圖》流傳記載，具有承上啟下的作用，串起了宋、元、明、清《推背圖》流傳的清晰脈絡。

清初陸圻（1614～？）《讖言》上篇〈南都蟒蛇倉〉條云：

> 《推背圖》有一大馬之鬣，上逆火光三五道，向不能解。南都擁立後，桐鄉進士沈包菴云：「此馬士英立紅光兆也。」乃福建立唐藩，絕無豫讖。惟宏光初立時，浙中上臺僞造一讖，云以安士民之心，且託言南京蟒蛇倉無風自倒。有碑八句云：「甲申年來日月枯，十八孩兒闖帝都，困龍脫骨升天去，入塘群鼠暫歡呼。中興聖主登南極，勤王俠士出三吳，二百十年豐瑞足，還逢古月照皇圖。」甲申八月，予至南中，特往蟒蛇倉，見其屋宇如舊，訊之鄰人，絕無此事，乃知作者之妄也。然惟此有唐祚不永之意，而結云：「還逢古月」則又奇矣，是豈無端民謠，暗合天意耶？〔註83〕

即便並無讖言所言蟒蛇倉無風自倒之事，陸圻仍以「還逢古月，暗合天意」作結，可見陸圻心中是相信讖言之說的。值得注意的是，《讖言》上篇所記《推背圖》有「大馬之鬣，上逆火光三五道」之圖讖，一般認為係指崇禎帝死後，馬士英與阮大鋮於南京擁立福王朱由崧。

《讖言》上篇所記《推背圖》此讖，據本研究比對眾多現存不同版本之《推背圖》，多見於清末民初之《推背圖》版本，反倒奇怪的是，晚出之民國四年出版金批本《推背圖》並無此圖讖，或可供吾人考辨金批本為何未納此讖？其中緣故，耐人尋味。較合理之解釋，應係金批本刪節了古本《推背圖》的部分圖讖，而添造了清朝乃至民國初年的相關史實的圖讖，所以才會有此情況發生。而 1973 年德國鮑爾教授（Prof. Bauer, Wolfgang）曾於德國發表專著《*Das Bild in der Weissage-Literatur Chinas*》就是以此圖為封面。

〔註83〕 《筆記小說大觀十編》（臺北：新興書局，1975 年），頁 3812。

二、清　朝

　　清朝對於《推背圖》查禁仍嚴，甚至更甚於歷朝各代。清室統治漢族，濫興文字獄，清初律令皆有明文記載妄布邪言妖書者，重者斬立決，從者斬監候，市賣者、買看者杖刑、流徙。乾隆朝並藉文字獄及官修《四庫全書》之名，大舉查禁《推背圖》。但上者禁之欲絕，民間仍私傳不止，清宮檔案中屢見於上書皇上奏摺，晚清時局動盪，秘密宗教及革命黨人皆藉《推背圖》盛名，冀望達到煽動民心之目的。另一方面，也由於距今不遠，故所留相關官方與民間記載及資料，也較前朝爲多；同時，《推背圖》的版本分別不一的情況，也益加嚴重混淆。

　　《大清律例》卷二十三，〈造妖書妖言條〉，記載：

> 凡造讖緯、妖書、妖言，專用惑眾者，皆斬。若私有妖書，隱藏不送官者，仗一百，徒三年。

> 凡妄布邪言，書寫張貼，煽惑人心，爲首者，斬立決，爲從者，皆斬監候。〔註84〕

清凌銘麟《文武金鏡律例指南》卷七，禮律儀制類・敬誦・〈收藏禁書及私習天文條〉贅言：

> 〔律說〕天象器物如璿璣玉衡、渾天儀之類。天文推步測驗之書，可占休咎。圖讖、圖象讖緯之書，可推治亂……如《推背圖》、《透天經》、《風覺鳥占》之類，可推禍福，以辨興亡。〔註85〕

清沈之奇《大清律例輯註》卷十二，〈收藏禁書及私習天文條〉：

> （律後註）……圖讖之書，如《推背圖》、《透天經》之類，皆所以推測禍福，休咎預言，以辨興亡。治亂世者也，最易惑眾，故禁私藏。〔註86〕

從以上三條材料得知，清朝大清律例對於《推背圖》視爲禁書，最易惑眾，故禁私藏。爲首惑眾者，斬立決；從者斬監後；市賣者，買看者皆處杖刑。刑罰頗重。

　　清康熙四十九年刻本《淵鑑類函》卷一九七・文學部六中，有《推背圖》

〔註84〕田濤、鄭秦點校：《大清律例》（北京：法律出版社，1998年），頁368。

〔註85〕四庫全書存目叢書編纂委員會：《四庫全書存目叢書》（史部第260冊）（臺南：莊嚴文化公司，1998年），頁445～446。

〔註86〕〔清〕沈之奇註・懷效鋒、李俊點校：《大清律輯註》（北京：法律出版社，2000年），頁397。

相關記載：

> 《推背圖》，元世祖紀曰，至元二十一年五月，括天下私藏天文圖讖
> 《太乙雷公式》、《七曜》、《推背圖》、《西太監歷》，有私習及藏匿者
> 罪之。〔註87〕

《淵鑑類函》由張英、王士禎、王惔等人編撰，於康熙四十年進表。書中有
《推背圖》專條，惟所記僅述元朝禁令，並未對有清一朝或明朝查禁《推背
圖》多所著墨，想是避禍使然，欲言又止。何良棟《皇朝經世文四編》卷六
／學術／書籍／奏設檢書處議：

> 檢書處者何仿日本板權所也，日本板權所隸於文部省，由大臣派員
> 主持之。舉凡民間繙譯西書以及各種著述，甫經脫稿，即須呈請所
> 員鑒定，始得付諸棗梨及印釘。告成則又送呈樣本，蓋以防曲說橫
> 議，有壞政教風俗與夫異端邪術蠱惑人心也。中朝文字之禁向嚴，
> 康熙時湖州莊廷鑨《明史案》發，一時名士之牽連被戮者多至數百
> 人。厥後乾隆中葉又申明書禁，凡錢謙益、呂留良、屈大均諸人詩
> 文等集，一律將版銷燬。此外，《言言集》、《南山集》諸案亦復多
> 所株連，即讖緯之書如《推背圖》、如《黃蘗老人詩》更皆匿跡銷
> 聲。〔註88〕

何良棟明確指出，清朝文字之禁向嚴，乾隆中葉重申書禁，《推背圖》同屬在
列，以防曲說橫議，有壞政教風俗、異端邪術，蠱惑人心。這也說明了清朝
倣效日本，舉凡民間著述皆須官方審查，凡列禁書一概銷毀的作法，讓現今
傳世的古本多為手抄，而少見刊印版本；據本專書研究所得，刊印本反而需
見諸海外，如日本、南洋等清末革命黨人活動之地，例如：東京、星加坡等
地，〔註89〕蓋或與鼓吹革命風潮有關。

　　清廷藉修《四庫全書》之名，行焚毀禁書之實。《推背圖》雖屬禁書之
列，惟查《四庫全書》中各書所記，仍有多達十餘處有關《推背圖》記載，

〔註87〕〔清〕張英、王世禎等編：《淵鑑類函》（臺北：新興書局，1971年），卷一九
　　　　七・文學部六，頁3500。

〔註88〕〔清〕何良棟：《皇朝經世文四編》（臺北：文海出版社，1972年），頁122～
　　　　123。

〔註89〕詳參姜尋：《中國古籍文獻拍賣圖錄年鑑（2003卷）》，頁191，日本明治四十
　　　　二（1909）年刊本，五色印刷。吳榮子：〈荷蘭萊頓大學漢學研究院圖書館所
　　　　藏《推背圖》三種〉，《國家圖書館館刊》（2003年4月），頁212。

分別見於《宋史》卷二百六、《元史》卷十三、《資治通鑑後編》卷一百五十四、《欽定續通志》卷六十及卷一百四十七、《世宗憲皇帝硃批諭旨》卷七十及卷一百三十八下卷與卷一百七十四之十、《欽定續文獻通考》卷一百三十五、《欽定續通典》卷一百八、《御定淵鑑類函》、《御定駢字類編》等書，由是可見，《推背圖》禁之不絕。光是《世宗憲皇帝硃批諭旨》中，雍正批奏的諭旨就至少三次出現《推背圖》查禁記載，分別在雍正三年、雍正七年及雍正十二年，其載：

雍正三年六月初二日，浙江按察使臣甘國奎謹奏：

「溫州府有匪類惑眾……永嘉縣首犯范子盛……所有搜出剳付名曰『合符』，以及金銀龍牌、葫蘆併《推背圖》、來往書信，內容不經不軌字跡、解銀回單，俱面同封貯。」〔註90〕

雍正七年十二月初二日，浙江總督管巡撫事在任宇制李衛謹奏：

「江寧張雲如傳授上元縣堅生十璉煉鎗符咒，……且細講《推背圖》中悖謬之語，令其誘人皈依。」〔註91〕

雍正十二年四月六日，江西巡撫謝旻謹奏：

「聞事竊照江省因匪犯黃森官等一案，孳餘黨各屬，遇有面生可疑之人，隨即嚴行盤詰。今據奉新縣盤獲道人一名，姓朱名一如，瑞州府高安縣人，因其言語支吾，搜查行李內有布包木板一塊，寬長僅止寸餘，上刻『山川射稷，久久一定』八字，背面刻『堯紀龍』三字，又有殘缺《推背圖》一本，形跡可疑，似非善類，差押解省，隨發南昌府，細加研訊……詰其殘缺《推背圖》來歷……據稱是向杜姓算命老人買來……詰訊朱一如何故行蹤無定，因何來至奉新，且攜帶禁書……臣查朱一如雖無為匪實據，但隱匿名姓，行蹤詭祕、木牌、圖本、字義不倫，未便輕縱，除密咨四川江南督撫，查獲德正道人及楊一道人，訊供移覆再行確究外，所有盤獲人犯，緣由理合，繕摺奏聞。」伏乞

皇上睿鑒施行

〔註90〕　《文淵閣四庫全書》（臺北：臺灣商務印書館，1986年），第419冊，頁203～204。

〔註91〕　《文淵閣四庫全書》（臺北：臺灣商務印書館，1986年），第423冊，頁264～269。

謹奏

（硃批）此二道人料非善類，俟各該省獲解到日嚴訊自明。〔註92〕

另外，依據國立故宮博物院出版《宮中檔雍正朝奏摺》，雍正三年（1725）六月初三日，浙江按察使臣甘國奎奏摺，也有如下記載：

雍正三年五月，浙江永嘉縣查禁教門，起獲《推背圖》。〔註93〕

乾隆十六年「偽孫嘉淦奏稿案」查辦雷鋒屬行，仍找不到首謀，釀成案中案者多達八十四起，其中，查獲金汝政私藏《推背圖》，為謀逆首惡入罪，在乾隆〈金汝政當以謀逆首惡入罪諭〉中親自下諭湖北巡撫恆文，金汝政抄藏妖妄逆書，顯係幸災樂禍奸匪兇徒，更當以謀逆首惡入罪。乾隆所指「妖妄逆書」，即是《推背圖》等清廷查禁逆書。據乾隆十六年八月二十八日〈恆文奏審訊金汝政等傳抄偽稿並私藏逆書情形折〉所記：

湖北巡撫臣恆文跪奏：

「金汝政名下搜出逆書一本，……金汝政所抄《推背圖》一本，刑訊再三，堅供實係從黃邦易處借抄……黃邦易供係金汝政誣反……非咨該犯原籍搜取《推背圖》原本，不足以服其心，而成信讞……臣已飛咨兩江督臣……在於黃邦彥家內仔細逐項搜查，並著落該犯家屬，務得《推背圖》原本，以憑究審。……至於金汝政一犯，閱其抄寫逆書，凡《推背圖》、孔明碑等項均屬讖緯妖書，……該犯膽敢匯抄一本，存於內室，其心實不可問，迹其行事，已自絕於綱常倫紀之外，即使寸磔，亦不足以蔽辜……藏匿逆書之犯不使一人漏網，既可以彰顯國法，又可使此等妖書不致再行流傳，煽惑人心。……」

硃批：所辦可嘉，知道了。〔註94〕

此追查《推背圖》逆書一案，恆文於同年九月十一日又呈〈恆文奏拿獲江起保并准江西咨復緣由折〉，稟報乾隆咨查江南黃邦易家內有無《推背圖》原本并伊家屬是否知情，尚未咨復，未有結果。〔註95〕恆文查此案曠日無功，乾

〔註92〕《文淵閣四庫全書》（臺北：臺灣商務印書館，1986 年），第 422 冊，頁 303 ～305。
〔註93〕《宮中檔雍正朝奏摺》（臺北：國立故宮博物院，1978 年），頁 451。
〔註94〕上海書店出版社編：《清代文字獄檔》（上海：上海書店出版社，2007 年），頁 715～717。
〔註95〕同前註，頁 735～737。

隆不甚滿意，在奏摺中硃批：「知道了」，至乾隆二十二年（1757），恆文任雲貴總督，家產被抄，或與此不無關連。

事實上，偽孫嘉淦奏稿案萬言書中，遍劾滿朝權貴重臣，並力阻乾隆帝首度南巡，指斥乾隆皇帝失德「五不解、十大過」，在長達一年八個月的追查中，波及全國，緝捕人數達千人以上，查處不力遭到處分的督撫大員有十多名，甚至遭革職治罪者，尚有江西巡撫鄂昌、按察使丁庭讓、知府戚振鷺等，而孫嘉淦本人在捲入本案後，也憂憤而死。最後結局是，如同明神宗時「妖書」之獄的替死鬼皦生光一樣，既查不出偽稿元兇，就將最早傳抄的盧魯生及劉時達等人當祭品處斬，在文字禍史上，俱因逆名書而禍及旁人，而被相提並論。〔註96〕

嘉慶年間，民間宗教組織興起，時人常藉《推背圖》妖言惑眾，清廷查獲私藏散佈者一概嚴審，並照例斬立決，《推背圖》則送軍機處查銷。據本專書研究查找史籍資料，即有宿元謨及斐景義等二例，似乎也揭示《推背圖》在晚清時期已緊密與祕密宗教合流，在大量今存寶典資料中，不乏發現圖文拙劣《推背圖》傳抄本。清托津《平定教匪紀略》卷二十一，記云：

（嘉慶十八年）十一月二十三日丙戌

那彥成、高杞、楊遇春奏言：「……臣前奏，故城縣挐獲匪犯霍應方等十七犯現已迎提到省，臣親加嚴鞫……現在景州人宿元謨一犯，亦據報挐獲並所攜《推背圖》一本，訊據供稱伊拜從故城縣押窩村人劉坤為師，《推背圖》係劉坤所傳……臣現在飛提宿元謨及所虜圖本，一併嚴審。」〔註97〕

卷三十四又記：

（嘉慶十九年）二月初二日癸巳

賽沖阿奏言：「宿元謨先於上年六、七月間，在夏津縣人殷峻嶺家見有《推背圖》一本，取回推演，在附近村莊散佈謠言惑眾，被鄰族赴縣首告，旋被獲案審訊，宿元謨應請照例斬立決……得旨宿元謨即處斬。」〔註98〕

依大清律例，宿元謨的下場斬立決，自不意外，也可見《推背圖》不只是禁

〔註96〕　胡奇光：《中國文禍史》（上海：人民出版社，1993年），頁193～195。
〔註97〕　〔清〕托津：《平定教匪紀略》清嘉慶武英殿刻本，頁1500。
〔註98〕　同前註，頁1513～1514。

書而已，在民間仍有好事者藉以蠱惑民心，甚至結合異教邪說，讓《推背圖》以不同形式結合秘密宗教，成為密教寶典繼續流傳發展。

那彥成撰《那文毅公奏議》，直隸灤州破獲三元教首斐景義及教徒等人私藏《推背圖》，其記：

> （嘉慶二十年）十一月初聞
>
> 經該州訪聞密會同委員先後拏獲斐景義等，並在斐景義家起獲違禁抄本二本……另結斐云布、斐元和刑良、于卜先已病故，應毋庸議。
>
> 斐景義家起獲抄本《推背圖》二本，訊明實係得自已故斐雲鴻家，無從根究，咨送軍機處查銷。其《萬法歸宗》一本尚無違礙，應俟案結銷毀。〔註99〕

清廷官員在斐景義家起獲抄本《推背圖》二本，最後竟以私藏者已歿，無從究根，送軍機處查銷，正可說明地方官員敷衍了事、深怕查不勝查的心態。嘉慶年間，《推背圖》結合秘密宗教繼續流傳的事例，在民間多所查獲。經比對清朝宮廷查禁民間祕密宗教寶卷資料中，《軍機處檔‧月摺包》也有記載三元教傳習《推背圖》之事。其記：

> 嘉慶二十年（1815）、嘉慶二十年（1816），直隸灤州查禁三元教，起出《推背圖》。官方文書以書中有「不經不軌」、「悖逆」等字跡，而嚴加取締。〔註100〕

時至清末，仍有時人常藉《推背圖》妖言惑眾，並與宗教迷信結合，清廷屢禁不絕。

俞青松在《明清時代民間的宗教信仰與祕密結社》提到，吸引勞苦群眾到宗教結社行列中去的，與其說是迷信，不如說是貧困。農民和手工工人們受到封建統治階級殘酷的經濟剝削和政治壓迫，迫切要求改變眼前悲慘的境遇，然而，他們看不到出路，於是，他們就祈求神靈的庇佑，依附於超人的威權，用精神的解脫，補償實現的苦難。

事實上，《推背圖》流傳脈絡轉折，元末以後，明清之際之所以緊密與宗教迷信結合，而與宋朝僅以圖讖形式流傳，有所不同。《推背圖》與祕密宗教合流有其背景使然，首謀者希藉其盛名製造輿論，取得廣大信眾支持，甚至

〔註99〕〔清〕那彥成：《那文毅公奏議》卷四十一，清道光刻本，頁 947～948。

〔註100〕莊吉發：《真空家鄉：清代民間祕密宗教史研究》（臺北：文史哲出版社，2002 年），頁 389。

追隨造反作亂，從眾者無非是冀望從《推背圖》的圖讖預言中脫離現實的困境，寄希望於未來。

清李星沅（1797～1851）《李文恭公遺集》中，可見道光朝後期的政治社會情況，特別是，民間祕密宗教經常藉《推背圖》傳播惑眾，此遺集亦見收錄於上海古籍出版社 2002 年出版《續修四庫全書》第 1523 冊。其奏議卷八〈續審教匪情形摺子〉記云：

> （道光二十五年）奏爲現獲傳習邪教匪徒續經審有端倪……臣查該犯張利貞既認傳教不諱，又云各行各教就鄧三謨等所供，周蟄在湖北談道不合，即指張利貞而言，亦似非李一原夥黨目，起出金冠雲履各件，其經卷抄本尤多，如：《推背圖》、《東明律》、《風輪經》、《九蓮寶讚》、《託天神圖》、《無上妙品》等書，非語涉悖逆，即事近妖邪。〔註101〕

李星沅奏議又記：

> 周位掄在各處古廟並不識姓名人荒貨擔上撿獲收買《推背圖》……臣查周位掄所藏……經卷抄本內如：《推背圖》……據周位倫供稱，要欲另與教會傳徒斂錢，是以假稱劫難危詞，編寫傳播《推背圖》、《東明律》等書……此案周位掄即張利貞，習教、念經、捏稱道號傳徒，復敢收藏《推背圖》等項妖書……傳播煽惑、實屬不法。〔註102〕

不只白蓮教周位掄藉《推背圖》惑眾，在清廷查辦「邪教」檔案中，尚有金丹道等宗教在湖南一帶傳佈《推背圖》等寶卷。據車錫倫整理莊吉發《清代民間宗教的寶卷和無生老母信仰》和馬西沙、韓秉方《中國民間宗教史》，依辦案年代、查辦宗教、案發地點、著錄經卷目錄四項，列出清廷原始檔案材料，其載：

> 道光十九年（1839），金丹教，湖南長沙：《東明律》、《風輪經》、《託天神圖》、《推背圖》。〔註103〕

另外，從《清史稿》所載查禁禁書的相關材料中，動輒查獲焚毀禁書，收藏者入死罪，可知其嚴重，雖未明言《推背圖》之類查禁書目，但《推背圖》

〔註101〕〔清〕李星沅：《李文恭公遺集》，清同治刻本，頁107。
〔註102〕同前註，頁115～117。
〔註103〕車錫倫：《中國寶卷總目》（北京：北京燕山出版社，2000年），頁391～405。

絕對是列入其中。《清史稿・列傳》卷三百三十七・列傳一百二十四・圖爾炳阿，記曰：

> 上諭曰：「圖爾炳阿察出逆檄，緝邪之功大，諱災之罪小。……圖爾炳阿若因有前此罪斥之旨，心存成見，或不釋然於災民，則是自取罪戾，亦不能逃朕洞鑒。」尋家屏亦以藏禁書罪至死，圖爾炳阿仍以匿災下吏議，奪官，命留任。〔註 104〕

《清史稿・列傳》卷三百三十八・列傳一百二十五・彭家屏，記曰：

> 召家屏詣京師，問其家有無三桂傳鈔檄及禁書。家屏言有明季野史數種，未嘗檢閱，上責其辭遁，命奪職下刑部，使侍衛三泰按驗。家屏子傳笏慮得罪，焚其書，命逮昌緒、傳笏下刑部，誅昌緒，家屏、傳笏亦坐斬，籍其家，分田予貧民，圖爾炳阿又以家屏族譜上，譜號「大彭統記」，御名皆直書不缺筆。上益怒，責家屏狂悖無君，即獄中賜自盡。〔註 105〕

清初談遷（1594～1658）《國榷》卷五十四，嘉靖七年（1528）記有：

> 六月辛丑……夏公再被仗，忠愛豈爲名高，反讀《銓司存槀》不遇，議禮諸疏非有鴻寶風角之左，白蓮推背之異也，何名爲妖言。而竟不免于戈，妖言，王法所禁，豈永嘉亦借以誅不附己者，而不一思之乎？〔註 106〕

《國榷》爲記載明朝歷史的編年體史書，起書「大明太祖聖神」筆止「降於張獻忠」。此條夏良勝被誣陷資料，值得注意的是，大明朝廷認爲禁書《推背圖》與民間盛行的祕密宗教白蓮教有所關聯，皆屬妖言惑眾，王法所禁。

清初孔毓埏撰《拾籜餘聞》，提到焚書之禍與《推背圖》，和顧炎武所記近同，其記：

> 焚書之禍，今古同憾，而典謨訓誥六經之文，無一罹於虐焰者，則其所焚，指讖緯不經之書耳，亦未爲不幸。魏高祖太和九年詔，自今圖讖秘緯及名爲《孔子閉房記》者，一皆焚之，是又一焚書也。
> 《舊唐書・王世充傳》：世充將謀篡位，有道士桓法嗣者，自言解圖讖，乃上《孔子閉房記》，畫作丈夫持一竿以驅羊，釋云：「隋楊，

〔註 104〕〔清〕趙爾巽等撰：《清史稿》（北京：中華書局，1977 年），頁 10798。
〔註 105〕同前註，頁 11062。
〔註 106〕〔清〕談遷：《國榷》卷五十四，戊子嘉慶七年鈔本，不分頁。

姓也；竿一者，王字也。王居羊後，明相國代隋爲帝也。」世充大
悦。詳此，乃似今人所云《推背圖》者。

《論語》云：「子不語怪力亂神」，又云：「子罕言利與命與仁」，合
而推之，烏有所謂《閉房記》者耶，誣聖惑世，焚之宜矣。〔註107〕

孔毓埏生卒年不詳，惟查孔毓埏編《述聖圖》，書前有康熙十八年（1679）序，
當可推知孔毓埏生年早於康熙無疑。此條記云，《閉房記》乃誣聖之說，並舉
今人所云《推背圖》爲例，足見清朝初期，《推背圖》雖遭朝廷禁絕，但民間
仍私傳不絕。

清梁清遠撰《雕丘雜錄》卷十一，〈東齋掌鈔〉，記云：

世傳《推背圖》畫物像以占世變，多有巧中者；蜀人費孝先以軌革
卦影之術名天下，即此術也。又術士李某者，亦傳管輅軌革法畫卦
影，頗有驗，　　丞相聞之，畫水邊一月，甲一古字，未幾，除知湖
州，今其法不傳，而世俗卜龜列卦帖畫人物象、龜首所向取帖占驗，
亦間有巧合者，然不足憑。〔註108〕

梁清遠生卒年雖不詳，但據《雕丘雜錄》一書於清康熙二十一年（1682）即
有梁允桓刻本傳世，推知當爲明末清初人士。其記「世傳《推背圖》，多有巧
中」，言下之意，頗爲質疑《推背圖》奇驗的神祕性，不足爲憑，但也反映了
《推背圖》傳諸於世的事實。又梁清遠所言「蜀人費孝先以軌革卦影之術名
天下」，其出處爲《東坡志林》，「術士李某者亦傳管輅軌革法畫卦影……」乃
出自宋王闢之（1031～？）撰《澠水燕談錄》卷六：

術士李某者，亦傳管輅軌革法，畫卦影，頗有驗。今丞相頃嘗問之，
卦影畫水邊一月，中有口。未幾，除知湖州。又盧龍圖秉使占卦影，
亦同，乃知除渭州，字雖不同而其影皆符。〔註109〕

清人孫旭《平吳錄》：

（庚申）是秋，（傅宏烈）爲廣西偏肇慶王馬承蔭所獲，解送貴
州。……後世璠歸雲南，慮宏烈在貴陽爲變，殺之。傳言宏烈罵賊
不屈而死者，訛也（原註：《推背圖》云：「有一人分身帶弓，翻來

〔註107〕〔清〕孔毓埏：《拾蘀餘聞》，清康熙刻本，頁3～4。
〔註108〕〔清〕梁清遠撰：《雕丘雜錄》，卷十一〈東齋掌鈔〉，清康熙二十一年梁允桓
　　　　刻本，頁10。
〔註109〕歷代學人撰：《筆記小說大觀續編》（臺北：新興書局，1971年），頁1749。

覆去鬧轟轟。打破匡兒無結底，三千甲子自成功。」按首句是宏烈

名；次句言宏烈投僞國、投本朝反覆無常；三句言宏烈之破壞，僞

「週」字匡子內有「吉」字也。四句人多不解）。〔註110〕

康熙七年，傅宏烈密告朝廷吳三桂圖謀不軌，坐誣下獄，後吳三桂果然造反，因功授廣西巡撫，官至撫蠻滅寇將軍。康熙十九年（1680）爲吳三桂之黨羽馬承蔭所獲，執送貴陽，世璠誘以僞職不屈，卒死。此條值得注意的是，《平吳錄》所記《推背圖》讖文未見於金批本《推背圖》，恰可反證出晚出的版本，實有經過不斷刪增改造。

清初吳偉業（1609～1672）《倭寇紀略》卷十二〈虞淵沈〉，有一段記載，頗值注意：

明初，有十八子之讖，成化中有李龍子者，結一中官，入宮中謀不

軌，事發伏誅，識者以宋太祖取淳風舊本，亂其次序，李繼朱者乃

李亞子繼朱梁之讖也，流言詭僞。〔註111〕

吳偉業所記，雖誤將大唐李氏的「十八子」之讖，錯以爲明初宋獻策所造「十八子主神器」之讖，蓋爲吳氏誤記或者明清時期民間誤傳。總而言之，吳偉業所記，確也呈現出明清之間，民間對於南宋岳珂《桯史》所記「李淳風作《推背圖》，並曾被宋太祖亂其次序」之說，深信不疑。

有關宋獻策編造「十八子主神器」之讖，考諸《明史》及《明季北略》等書皆有記載。

《明史》卷三百九·列傳第一百九十七·流賊·李自成，載云：

金星又薦卜者宋獻策，長三尺餘，上讖記云：「十八子，主神器。」

自成大悅」。〔註112〕

計六奇《明季北略》卷十七〈牛宋降自成〉條云：

金星引故知劉宗敏爲將軍，又薦術士宋獻策。獻策，河南永城人，

善河洛數。初見自成，袖出一數進曰：「十八孩兒當主神器。」自成

大喜，拜軍師。獻策面狹而長，身不滿三尺，其形如鬼，右足跛，

出入以杖自扶。軍中呼爲宋孩兒。一云浙人，精於六壬奇門遁法，

〔註110〕〔清〕孫旭撰：《平吳錄》（臺北：藝文印書館，1972 年），頁 20。

〔註111〕〔清〕吳偉業：《倭寇紀略》（臺北：新興書局，1978 年），第十二卷·附補遺三卷，頁 196。

〔註112〕成文出版社編：《仁壽本二十六史·明史》（臺北：成文出版社，1971 年），頁 35057。

及圖讖諸數學。自成信之如神。〔註113〕

清丁仁撰《八千卷樓書目》子部・術數類，收錄有《推背圖說》一卷，注唐李淳風袁天罡撰抄本。〔註114〕

清翟灝《通俗編》卷三十七，〈故事〉中「李淳風祕讖」條云：

> 後人妄人託言李淳風與袁天綱互述祕讖，有云《推背圖》者，因於此至元八年禁斷《推背圖》。見《元典章》。〔註115〕

今人王見川研究，據清翟灝《通俗編》認為，至少在乾隆初期民間已流傳署名李淳風、袁天綱合著的《推背圖》，頗值商榷。一則翟灝所記係轉引《元典章》及後人妄託。再則民間流傳署名李淳風、袁天綱合著的《推背圖》之說，非始自清初，明陳汝錡《甘露園短書》云：「袁、李推背止於繼周不及繼□，以後此其證矣。」可引為證。而元《希叟和尚廣錄》、元《林泉老人評唱投子青和尚頌古空谷集》、元朱思本《貞一齋詩文稿》亦有記載袁・李二人共推天機。

清潘永因編《宋稗類鈔》卷一，專條〈君範第一〉，即引南宋岳珂《桯史》之說，其記：

> 唐李淳風作《推背圖》。五季之亂，王侯崛起，人有幸心，故其學益熾，「開口張弓」之讖，吳越至以遍名其子，而不知兆昭武基命之烈也。宋興受命之符，尤為著名。藝祖即位，始詔禁讖書，其惑民志以繁刑辟。然圖傳已數百年，民間多有藏本，不復可收拾，有司患之。一日，趙韓王以開封具獄奏，因言犯者至眾，不可勝誅。上曰：「不必多禁，正當混之耳。」乃命取舊本，自已驗之外，皆紊其次而雜書之，凡為百本，使與存者並行。於是傳者懵其先后，莫知其孰訛，間有存者，不復驗，亦棄弗藏矣。〔註116〕

清凌揚藻（1760～1845）撰《蠡勺編》，列有專條〈推背圖〉，雖亦引南宋岳珂《桯史》之說，但卻質疑作者並非李淳風，加註「作者不知何許人，託之李淳風」，其記云：

〔註113〕〔清〕計六奇著：王雲五主編《明季北略》（臺北：臺灣商務印書館，1978年），頁222。

〔註114〕〔清〕丁仁撰：《八千卷樓書目》，民國鉛印本，頁650。

〔註115〕〔清〕翟灝：《通俗編》，清乾隆十六年翟氏無不宜齋刻本，頁14。

〔註116〕〔清〕潘永因：《宋稗類鈔》卷一，君範第一（臺北：廣文書局，1967年），頁4。

《推背圖》，唐李淳風作《推背圖》（作者不知何許人，託之李淳風）
五季之亂，王侯崛起，人有幸心，故其學益熾，「開口張弓」之讖，
吳越至以遍名其子，而不知兆昭武基命之烈也。宋興受命之符，尤
為著明。藝祖即位，始詔禁讖書，其惑民志以繁刑辟。然圖傳已數
百年，民間多有藏本，不復可收拾，有司患之。一日，趙韓王以開
封具獄奏，因言犯者至眾，不可勝誅。上曰：「不必多禁，正當混之
耳。」乃命取舊本，自已驗之外，皆紊其次而雜書之，凡為百本，
使與存者並行。於是傳者懵其先後，莫知其孰訛，間有存者，不復
驗，亦棄弗藏矣。

《國朝會要》：太平興國元年十一月，諸州解到習天文人，以能者補
靈台，謬者悉黔流海島，蓋亦障其流，不得不然也。見《桯史》。

〔註117〕

朱翊清（1795～？）《埋優續記》中亦有提及《推背圖》，內容大體延續南宋
岳珂《桯史》「藝祖禁讖書」所載內容，只是在文末加上「宣和年間金人犯闕」
作者自己所聞及看法。其云：

《桯史》唐李淳風作《推背圖》

五季之亂，王侯崛起，人有悖心，故其學益熾，「開口張弓」之讖，
吳越至以徧名其子，而不知兆昭武基命之烈也。宋興，受命之符，
尤為著名。藝祖即位，詔禁讖書，懼其惑民志，以繁刑辟。然圖傳
已數百年，民間多有藏本，不復可收拾，有司患之。一日，趙韓王
以開封具獄奏，因言犯者至眾，不可勝誅。上命取舊本，凡已驗者，
皆紊其次而雜書之，凡為百本，使與存者並行。于是傳者懵其先後，
莫知其孰譌，間有存者，不復驗，亦棄弗藏矣。今之所傳，所由紛
然雜出歟？

宋宣和初，尚方織綾，謂之「遍地桃」，又急地綾漆冠子作二桃樣，
謂之「並桃」。天下效之，又香謂之「佩香」。至金人犯闕，無貴賤
皆逃避背鄉，為金虜去，亦應此讖也，豈在《推背圖》哉？〔註118〕

〔註117〕〔清〕凌揚藻：《蠡勺編》卷三十八，〈推背圖〉條，清同治二年伍氏粵雅堂
刻嶺南遺書本，頁3～4。

〔註118〕《筆記小說大觀叢刊》（臺北：新興書局，1981年），第1編・第4冊，頁7
～8。

清鄭光祖撰《一斑錄》卷十一・雜述五，〈老鬼叢話〉條，記云：

> 有王老鬼者，忘其名，里人以言之非真，曰鬼話；王多鬼話，故其
> 呼之爲老鬼，其言殊動聽，士庶咸樂聞之……姑錄其謊惑庸眾者於
> 左，爲妄言、妄聽之戒。……
>
> 一謂李淳風作《推背圖》，預知唐、宋兩代事。……
>
> 老者所言何可悉記，余不過署舉約白事，書之於壁以爲戒耳……
>
> 人之好聽鬼話者，豈無冥冥之懼耶。〔註 119〕

《一斑錄》成書於道光二年（1822），此條鄭光祖所記有關《推背圖》的訊
息，有二點值得注意，一爲鄉里所傳李淳風作《推背圖》，並非李淳風、袁天
綱共作《推背圖》或袁天綱作《推背圖》，蓋可推知鄭光祖所記鄉里雜談，乃
承繼南宋岳珂《桯史》之說。一爲《推背圖》僅記載預知唐、宋兩代事，
元、明之後則無所記載，此條線索恰可旁證今傳《推背圖》內容乃後人添
作之疑，特別是，本材料直接指出「李淳風作《推背圖》，預知唐、宋兩代
事。」再佐之明陳汝錡《甘露園短書》「袁、李推背止於繼周不及繼□，以後
此其證矣。」則有相當證據顯示古傳《推背圖》與今存《推背圖》內容有很
大不同。

　　清黃汝成（1799～1837）撰《日知錄集釋》卷三十，完全抄錄顧炎武〈孔
子閉房記〉所記，其記：

> 自漢以後，凡世人所傳帝王易姓受命之說，一切附之孔子。如沙丘
> 之亡，卯金之興，皆謂夫子前知而預爲之讖。其書蓋不一矣。魏高
> 祖太和九年，詔自今圖讖秘緯及名爲《孔子閉房記》者，一皆焚之，
> 留者以大辟論。《舊唐書・王世充傳》：世充將謀篡位，有道士桓法
> 嗣者，自言解圖讖，乃上《孔子閉房記》，畫作丈夫持一竿以驅羊，
> 釋云：「隋楊，姓也；竿一者，王字也。王居羊後，明相國代隋爲帝
> 也。」世充大悅。詳此，乃似今人所云《推背圖》者，今則託之李
> 淳風而不言孔子。〔註 120〕

除黃汝成《日知錄集釋》外，朱彝尊（1629～1709）《經義考》卷二百九十七・
通說，亦記有顧炎武〈孔子閉房記〉所云。

〔註 119〕〔清〕鄭光祖：《一斑錄》，清道光舟車所至叢書本，頁 48～51。

〔註 120〕〔清〕黃汝成：《日知錄集釋》（臺北：世界書局，1962 年），頁 706。

清陳錦撰《補勤詩存》卷二十三・捧檄集，在「淳風舊本供猜詳，紅李枝頭縣一目」詩讖下加注，其云：

淳風舊本供猜詳，紅李枝頭縣一目。

淳風《推背圖》有一株紅李上懸一目之象。〈虞淵沈〉載宋太祖取淳風舊本，亂其次第，人以爲李闖之讖，實則李亞子繼朱梁也。

〔註121〕

按陳錦乃道光二十九年（1849）舉人，所記「淳風《推背圖》有一株紅李上懸一目之象」考諸清朝或更早古本，皆有此象，但民國以來面世之《推背圖說》及金聖嘆批註《推背圖》等版本，則未有此象，據此，蓋可凸顯晚出版本刪作痕跡。所云〈虞淵沈〉乃清初吳偉業《倭寇紀略》第十二卷。「一株紅李懸一目。李亞子繼朱梁」應讖係指唐末李克用，一目失明，其子李存勗乃五代後唐建立者，後梁龍德三年（915）稱帝，攻滅朱溫所建的後梁。〔註122〕

清盧秉鈞撰《紅杏山房聞見隨筆》卷二十七・格致隨筆補遺，提及《孔子閉房記》與《推背圖》，與前人顧炎武所記大致相同，其記云：

讖緯之術漢魏以來，沙丘之亡，卯金之興，皆出於孔子，《閉房記》謂：「聖人先知先覺，凡事預爲之讖，附會其說。」余讀史，魏太祖太和九年詔：「自今圖讖祕緯及名爲《孔子閉房記》者，一皆焚燬，留者以大辟論」。又考《舊唐書》王世充將謀篡位，有道士桓法嗣上《孔子閉房記》，畫一丈夫持竿以驅羊，解云：「羊，隋煬也；一竿，王字也。王居羊後，謂公代隋爲帝也。世充大悅。」由此觀之，殆似今之《推背圖》者，今則託名李淳（淳）風而不言孔子矣。〔註123〕

盧秉鈞雖生年不詳，但《紅杏山房聞見隨筆》傳世有清光緒十八年盧氏家塾刻本，可推知其成書當不晚於光緒十八年（1892）。

清孫寶瑄（1874～1924）撰《忘山廬日記》，提到《推背圖》以及當時士

〔註121〕〔清〕陳錦撰：《補勤詩存》，卷二十三，捧檄集，清光緒三年橘蔭軒刻・光緒十年增修本，頁 12。

〔註122〕夏徵農主編：《大辭海・中國古代史卷》（上海：上海辭書出版社，2005 年），頁 724～725。

〔註123〕〔清〕盧秉鈞：《紅杏山房聞見隨筆》卷二十七，格致隨筆補遺，清光緒十八年盧氏家塾刻本，頁 14。

人認知，提供我們非常重要的參考訊息，認爲《推背圖》甚奇不可解，出於
《孔子閉房記》，李淳風見此記，因繪爲圖。其記：

> 光緒二十八年（十月）〈二十日，不出城。晚，訪益齋〉

> 今日于天下萬理皆可勘透，惟先知之理不能明其故。先知分二種，
> 一曰有心，一曰無心，尋常夢中所聞所見者，往往後有奇驗，又或
> 一言一動出於無意，而爲他日之預兆，此皆無心之先知也；有心之
> 先知，則如山中習靜者，能覺三日未來事，樹上鳥雀結巢，能查一
> 年之風，人類、物類皆具此能力，果何理耶？

> 若夫讖緯家能預推千百年後事，相傳之《推背圖》、〈燒餅歌〉皆甚
> 奇不可解。……相傳《推背圖》出於《孔子閉房記》，李淳風見此記，
> 因繪爲圖。益齋云。〔註124〕

梁啓超（1873～1929）對丘逢甲（1864～1912）之詩作，頗爲推崇，稱其爲
「詩界革命一鉅子」，將民間流俗之讖語人詩卻能雅馴溫厚。《飲冰室詩話》
第三十九則，記曰：

> 吾嘗推公度、穗卿、觀雲爲近世詩家三傑，此言其理想之深遠閎遠
> 也。若以詩人之詩論，則丘倉海（逢甲）其亦天下健者矣。嘗記其
> 〈己亥秋感八首〉之一云：「遺憾爭京黃蘗禪，荒唐說餅更青田。
> 載驚豈應遷都兆？逐鹿休訛厄運年。心痛上陽眞畫地，眼驚太白
> 果經天。只愁讖緯非虛語，落日西風意惘然。」蓋以民間流行最
> 俗最不經之語入詩，而能雅馴溫厚乃爾，得不謂詩界革命一鉅子
> 耶？〔註125〕

《己亥秋感八首》所稱「己亥」即光緒二十五年（1899），梁氏所言「民間流
行最俗最不經之語」，乃指黃蘗〈禪師詩〉，劉伯溫〈燒餅歌〉，可見清末當時
確有盛行〈燒餅歌〉、《推背圖》之類讖書，並深刻影響丘逢甲；此點，可從
丘逢甲另一首詩作〈用前韻賦答人境盧主見和之作〉得到印證。人境盧主乃
指黃遵憲，從丘逢甲晚年手定的詩集《嶺雲海日樓詩鈔》中，寫給黃遵憲的
詩有二十六首；而黃遵憲在《人境盧詩草》中，奉和給丘逢甲的詩也達二十
首之多，可見二者交往之頻繁。

〔註124〕〔清〕孫寶瑄：《忘山盧日記》（上海：上海古籍出版社，1983 年），頁 593
～594。

〔註125〕梁啓超：《梁啓超全集》（北京：北京出版社，1999 年），頁 5313。

　　丘逢甲〈用前韻賦答人境盧主見和之作〉，此詩指義和團亂、八國聯軍入京、兩宮西狩、北京議和事。詩作最後將《推背圖》入詩「推背猶存一統圖」，反映丘逢甲對時局的期待。由此詩可見，《推背圖》在清末即便朝廷視爲禁書，但在民間仍有流傳並影響時人。

> 無物消愁且舉觴，自拚千日醉程鄉。誰張仙樂迎金母？漫詫神兵下玉皇。
>
> 竭井難醫狂國病，剪燈空弔女宮殤。白蓮飄盡黃蓮死，惆悵尊前說酒王。
>
> 百二河山未定都，金鰲戴主讖原誣。日迴舊馭長安遠，月送殘更太白孤。
>
> 鈞黨重翻十常侍，璽書新欵五單于。群公休守偏安局，推背猶存一統圖。〔註126〕

　　丘逢甲詩中的義和拳亂，事實上與《推背圖》關係甚密，不只晚出《推背圖》版本中出現有「太平天國」詩讖，從現有史料觀之，也有義和拳眾藉口《推背圖》讖語作亂實例。光緒二十六年（1900）義和拳眾北京作亂時，對於外國人非常敵視，4月29日在北京西城區的揭帖聲明：「彼等（洋鬼子）在各地傳邪教、立電桿、造鐵路，不信聖人之教，褻瀆天神，其罪惡擢發難數。」也聲稱《推背圖》中有「金雞啼後鬼生愁」一語（實則應爲〈黃蘗禪師詩〉其十一），而將當時外國人聚居的「東交民巷」改稱「切洋雞鳴街」，簡稱「雞鳴街」。按「東交民巷」舊稱東江米巷，原是王府衙署、民宅、使館雜處之地。鴉片戰爭以後，北京開始有長駐的外國使節，於是，在這一地區，先後設立英、俄、德、法等使館。東江米巷亦改成東交民巷。〔註127〕

　　義和團爲洗國恥而將東交民巷改名，此在佚名《庸擾錄》中確有記載：

> （五月三十日）匪徒張布揭帖，宣言將於某日焚燒東交民巷，下書「瑞王府老團公具」字樣。……將京城之「東交民巷」，改名爲「切洋雞鳴街」，大張揭帖，到處傳佈。〔註128〕

清末時期，袁世凱因緣際會獲得清廷重視，展露頭角，袁之黨羽亦大造輿論，聲稱《推背圖》中「五色金鳳雲中立」圖讖，意指袁世凱。此在反清革命黨

〔註126〕丘逢甲：《嶺雲海日樓詩鈔》（臺北：文海出版社，1970年），卷七，頁356。

〔註127〕北京市文物事務管理局編：《北京名勝古蹟辭典》（北京：燕山出版社，1989年），頁17。

〔註128〕佚名：《庸擾錄》（北京：科學出版社，1959年），頁251。

人范鴻（1882～1914）在《民立報》發表文章〈國民夢中之華盛頓〉一文，加以駁斥云：

> 迷信圖讖者，文明之污點也。崇拜英雄者，人類之天性也。獨至崇拜英雄而不得，自無聊賴，至對於圖讖以寄其思傷已……鳴呼！好一個《推背圖》中的大英雄，爾其快快活，快快飛，快快鬧風雲，快快衝霄漢。倘爾效海上之孤鴻。矯矯焉於珍木，則吾已矣夫！〔註129〕

按古本《推背圖》中確有一讖，畫一五色鳳立在雲中，其載：

> 圖說　一五色鳳在雲中立
> 詩曰：八方大聖盡稱臣，稽首傾心作大君。天鼓自鳴神鬼伏，騰身足上步青雲。〔註130〕

以上有關太平天國拳亂紀實及范氏斥袁世凱野心二條資料，皆在清末即已出版，其意義有二：一為，《推背圖》盛行於當時，宗教教徒或是政治野心人士，多藉其大名製造輿論。一為，民國之前，一般言及《推背圖》者，多語焉不詳，鮮少提及圖讖內容。二者所提到的《推背圖》圖讖皆有讖語，一是「金雞啼後鬼生愁」，一是「一五色鳳在雲中立」，然而詳參民國四年出現的金聖嘆批註《推背圖》並無此圖讖，反倒是清朝古本《推背圖》多有此圖讖，耐人尋味，是以晚出金聖嘆批註《推背圖》乃後人刪改痕跡隱約可見。

另外，1995年9月《歷史月刊》曾製作專號探討讖緯之說，其中該刊編輯部就介紹《推背圖》，並例舉其中圖讖，顯然引自金聖嘆批註《推背圖》二十二象，其記：

> 《推背圖》中第二十二象，繪有天馬蹈水的圖像，讖文作：
> 天馬當空，否極見泰，鳳鳳淼淼，木籌大賴。
> 頌曰：神京王氣滿東南，禍水汪洋把策干，一木會支二八月，臨行馬色半平安。〔註131〕

王玉德《方士的歷史》一書中，曾引清滄浪釣徒《劫餘灰錄》記載：

> 晚清，有不少人以讖緯作預測。據《劫餘灰錄》記載：「《推背圖》、

〔註129〕范鴻仙：〈國民夢中之華盛頓〉，《民立報》，1911年3月31日。

〔註130〕吳榮子：〈荷蘭萊頓大學漢學研究院圖書館所藏《推背圖》三種〉，《國家圖書館館刊》第1期（2003年4月），頁219。

〔註131〕編輯部：《歷史月刊》9月號（1995年9月），頁43。

《盤陀經》、《萬年歌》皆讖緯之書，例禁甚嚴。〔註132〕

吳趼人《新石頭記》第七回〈一言不合怒絕狂徒　滿口忠言正規大舅〉中云：

> 寶玉方才答應了。洗過了臉，卻又到書堆裏去翻。忽然翻出一個紙
> 包來，上面題著四個字，是：「此是禁書。」包的甚是嚴緊，連忙打
> 開要看，誰知開了一層又是一層，心中暗想：這個不定是《推背
> 圖》，不然就是〈燒餅歌〉。一面想，一面拆，拆了不知若干層。
> 原來裏面只有三本書，卻是第一、第二、第三的三冊《清議報》。
> 〔註133〕

吳趼人《新石頭記》雖然內容上與曹雪芹《石頭記》的關聯性不大，主要講
述賈寶玉再度入世，時空背景則移至晚清，讓賈寶玉親歷晚清社會種種新奇、
不平事，雖為小說之言，卻也反映了《推背圖》晚清時期的遭禁與名氣。

　　晚清時期黃遵憲、丘逢甲、吳趼人、邱菽園、胡寄塵等人以詩文交游，
個人作品中多有提到《推背圖》，可見《推背圖》應在其彼此交友圈中曾經討
論過，尤其是彼人皆活躍於當時藉詩文鼓吹民主革命的文學團體——南社詩
社，可見《推背圖》與南社詩社關連匪淺。

　　胡寄塵為胡懷琛之筆名，胡樸安之弟。按徐有春主編《民國人物大辭典》
所錄：

> 胡懷琛（1886～1938）筆名季仁、寄塵。……參加南社，辛亥革命
> 後，與柳亞子在上海主持《警報》、《太平洋報》筆政。後歷任文明
> 書局，商務印書館編輯。〔註134〕

據劉紹唐〈民國人物小傳〉，介紹胡懷琛（1886～1938）生平，即有記載胡氏
出書《推背圖考》，〔註135〕另查上海人民出版社《南社叢談》一書〈南社社友
著述存目表〉中亦記載無誤，胡寄塵（胡懷琛）著作眾多，其中確有《推背
圖考》。此乃重要研究訊息，胡氏既有出書《推背圖考》，亦即顯示胡氏對於
晚清民初之際《推背圖》版本及其流傳，應曾作系統整理，惟此單行本似乎
未見流傳，無法續予研究其整理之《推背圖》相關資料，雖未知其確切出版

〔註132〕王玉德：《方士的歷史》（北京：中國文史出版社，2005年），頁98。
〔註133〕吳趼人：《新石頭記》（江西：江西人民出版社，1988年），頁190～191。
〔註134〕徐有春主編：《民國人物大辭典》（石家莊：河北人民出版社，2007年），頁
　　　　1004。
〔註135〕劉紹唐：〈民國人物小傳〉，《傳記文學》第58卷第6期（1991年6月），頁
　　　　152。

年，但值得注意的是，胡懷琛曾於民國六年任「廣益書局」編輯，其後任「進步書局」、「文明書局」等編輯，而「金聖嘆批註《推背圖》」則於民國四年「文明書局」所出版，胡氏理當將此版本納入考析，惟是否如同民初時人何海鳴《求幸福齋隨筆》及徐珂《清稗類鈔》，也對於「金聖嘆批註《推背圖》」大力鼓吹，因尚未一睹原書，尚待得覽此書始得定論。惟依本研究相關資料推測，理應頗有關聯。而此線索一直未被發掘，本研究允爲首度提出者。

　　自宋、元、明、清以降，朝廷雖皆視《推背圖》爲禁書，但民間從北宋莊季裕的《雞肋篇》已有提及《推背圖》，乃至明代郎瑛《七修類稿》，清初顧炎武的《日知錄》也有記載《推背圖》，可知其對世人影響至深。

　　章太炎（1869～1936）清末於日本講學之《國學講演錄》有一段話：

漢末鍾繇不好《公羊》而好左氏，謂左氏爲太官廚，《公羊》爲賣餅家。自《公羊》本義爲蕪、相紊祝所抱，而聖經等於神話，似言竟似預言，周與《推背圖》、〈燒餅歌〉無別矣。〔註136〕

雖然章太炎認爲《推背圖》乃妖妄之言，不足採信，但章氏將之與《公羊》等經書併論，亦可見《推背圖》當時流傳之盛，以及對時人的影響。

　　清末民初章士釗（1881～1973）《柳文指要》下卷十五《讖緯》條：

吾十年前，從北京圖書館借閱王西莊（鳴盛）《蛾術編》，見李越縵於書眉上，以眞正蠅頭細字，錄有關讖緯一大段文字……文如下：「緯與讖別，緯者所以補經，三代典制，聖人微言，往往而在，康成所注，及以解三《禮》者是也。讖者，哀平以後所盛行，而秦、漢間亦間有之，乃推決休咎，假託符命，多瀆亂妖妄之言，如『亡秦者胡』及『赤伏符』、『白水眞人』、『代漢者當塗高』，『八厶子系，十二爲期』之類是也。讖有圖而緯無圖，讖圖如今世所行《推背圖》之類，故曰圖讖，光武最信之。」〔註137〕

據章士釗所記，在北京圖書館借閱王西莊（鳴盛）《蛾術編》一書中，赫然發現李越縵眉批一大段關於讖緯文字，《推背圖》亦在其中。按李越縵（1829～1894）即李慈銘，清末浙江會稽人。所著《越縵堂日記》有大量讀書札記，內容涉及經史百家，具有相當高的學術價值，影響深遠。章士釗引李越縵之言，足見《推背圖》於清末流傳頗盛。

〔註136〕章太炎：《國學講演錄》（上海：東華師範大學出版社，1995年），頁125。
〔註137〕章士釗：《柳文指要》（北京：中華書局，1971年），頁2063～2064。

第三節　民國以來流傳考

　　大抵而言，《推背圖》的流傳，歷經各代版本已有不同，而且差異頗大，民國之後的版本，更有流傳至海外再經輾轉於國內出版者，並且出現越晚出者，內容也最神驗的情況。民國二年出版，陸保璿編撰《滿清稗史》，收錄吳江雷震《新燕語》，其書末〈京師讖緯之言〉亦提及：

> 辛亥十月，革軍正盛時，天津童謠云：「紅棍打老黿，銅子換制錢，若要世太平，還須一二年。」後又有一謠，與此文小有異同。解者曰：「紅棍者，元代末年，南方紅軍革元之命者，故云打老黿。銅子者，清帝宣統，上繼同治，而方在衝齡。換制錢者，改換民國之陽文幣制也，太平須一二年。」……此數預言，可信者少。

> 然吾國每逢國家將亡，及有大亂發生之時，往往有此。而李淳風之《推背圖》、劉青田之〈燒餅歌〉、黃蘗禪師之《漢中語錄》，竟至暢銷於南方者，亦此類也。〔註138〕

按南方乃反清革命軍大本營，北方則為清廷、袁世凱所控制，《新燕語》所記情景，《推背圖》等讖書暢銷於革命軍大本營的南方，應有可信。同時也反映了當時的社會氛圍，辛亥革命前夕，謠讖流傳益盛、民心動盪思變，大有風雨欲來之勢。《新燕語》以〈京師讖緯之言〉作結，饒富意味，惟雷震並未提及《推背圖》內容，並依所示僅提李淳風，未談金聖嘆批註一事，應非指晚出之金聖嘆批註《推背圖》版本。

　　民國五年，何海鳴（1884～1944），《求幸福齋隨筆》出版，對於《推背圖》有詳細的記載，該《推背圖》內容與現今流通本朱肖琴所編《中國預言》（金聖嘆批本《推背圖》）完全相同，應為目前所見最早且又詳細介紹金聖嘆批本《推背圖》內容者，有其特別價值。所記曰：

> 偶閱七月十八日《時報》北京專電，袁世凱總統府之內史監致函內務部，請查禁坊間出版之《中國預言》。予亦嘗於報紙廣告中見有《中國預言》之廣告，大標其題曰「金聖嘆手批本」。

> 予頗喜閱金批之書，然予卻不信此種荒唐之說，故等閒視之，未一購閱。後見查禁之電，好奇之心生，遂亟購一冊閱之。看來看去，總看不出袁家天下的好處來，宜夫此老之勃然憤怒，毅然查禁也。

〔註138〕陸保璿編撰：《滿清稗史》（北京：中國書店，1987年），頁17～18。

　　是書雖曰金批，然亦不過《推背圖》六十段並一金序而已，其序亦
僅言《推背圖》，而呂望〈萬年歌〉、諸葛亮〈馬前課〉、李淳風〈藏
頭詩〉、邵康節〈梅花詩〉、劉伯溫〈燒餅歌〉、黃蘗禪師詩等篇並無
聖嘆隻字，書賈匯刻成編，統名曰「金批秘本」，亦欺人之道也。金
批《推背圖》，證其已往之事至三十三象而止，此象乃滿清入關之徵。
若三十四象成何事實，聖嘆固無從臆測也，故其言曰：「證已往之事
易，推未來之事難。然既證已往，似不得不推及將來，吾但願自此
以後，吾所謂平治者幸而中，吾所謂不平治者幸而不中，而吾或可
告無罪矣」云云。

　　予閱是書，首注意金批，故於三十三象以前有金批，證實已無舛誤
者毫不注意，而於三十四象以後加以思索，求其與金批是否符合，
覺金亦有談言微中之處，代爲補詮數則列後。

　　三十四象讖曰：「頭有髪，衣怕白。太平時，王殺王。」……金批：
「……妙極準極。」三十五象讖曰：「西方有人，足踏神京。……」
金批曰：「此象疑有出狩事，此言中也。」……三十八象讖曰：「門
外一鹿，群雄爭逐。劫及鳶魚，水深火熱。」金批曰：「此象兵禍起
於門外，有延及門內之兆。」予曰：「此即指歐戰言也，《推背圖》
至此遂具有世界眼光，可謂極妙。」〔註139〕

何氏用很大篇幅及個人觀點，一再的指出金批《推背圖》神驗之處，強化鼓
吹金批《推背圖》的眞實性與合理性，但卻也留下不少自相矛盾疑點，諸如：
一、何氏係狂熱革命黨人，非僅一般文人或記者，其出書意圖似不單純。何
氏青年時期投入湖北新軍，同時參加群治學社、振武學社和文學社活動。清
宣統元年（1909）任群治學社機關報《商務日報》編輯，宣統三年（1911）任
文學社機關報《大江報》副主筆，同年夏發表短評《亡中國者和平也》，宣傳
革命，隔年秋《大江報》抨擊共和黨和湖北軍政當局，被黎元洪以「擅造妖
言，搖惑人心」罪名查封，何氏遭通緝，之後擔任上海《民權報》主筆和北
京《又新日報》主編。民國二年夏，任江蘇討袁軍總司令。民國四年撰文並
於隔年出書《求幸福齋隨筆》動機可議。二、其書出版機關爲《民權報》，該
報係民國初年革命黨人之激進分子創辦的日報。該報以反袁世凱爲宗旨，並
以〈膽大妄爲之袁世凱〉爲題發表「時評」十篇，以〈討袁世凱〉爲題發表

<hr>

〔註139〕何海鳴：《求幸福齋隨筆》（上海：民權出版社，1916年），頁54～56。

「論說」六篇，反袁旗幟鮮明。《求幸福齋隨筆》出版與遭袁所禁金批《推背圖》似有暗合、鼓吹之嫌。何氏於文末云：「此書之發刊其跋言有日，民國時代例無忌諱，在君主時代個人之天下患得患失，故惡此書，若五族共和其間絕無個人得失，只寓國運之盛衰，為總統者禁之何為？」三、何氏立論頗有矛盾之處。既言「予頗喜閱金批之書，然予卻不信此種荒唐之說」，但卻似乎有意對金批序言中，諸多不合常理之處，略而不提，例如序末署名「癸亥人日　金喟識」，依此推算金聖嘆生平，癸亥之際，年僅十四歲，何能批註《推背圖》？再者，何氏既自言「不信此種荒唐之說（《推背圖》）」，又為何大費氣力及文字篇幅舉證「覺金亦有談言微中之處，代為補證數則列後（《推背圖》至此，遂具有世界眼光，可謂極妙）」，豈不自相矛盾？

民國六年，商務印書館出版，徐珂（1869～1929）所編《清稗類鈔‧方技類》亦收錄《推背圖》條，考其「讖」、「頌」所記，與何海鳴所述相同，亦與金聖嘆批本無二，惟無金聖嘆批註之語，其云：

《推背圖》

唐司天監袁天綱、李淳風撰《推背圖》，凡六十象，以卦分繫之。

其論本朝者為第三十三象為丙申 ䷛ 巽下兌上　大過

讖曰：黃河水清　氣順則治　主客不分　地支無子

頌曰：天長白瀑來，胡人氣不衰

　　　藩籬多撤去，稚子半可哀

此言世祖入關之微，中有順治二字也。

又第三十四象為丁酉 ䷸ 巽下巽上　巽

讖曰：頭有髮　衣怕白　太平時　王殺王

頌曰：太平又見血花飛，五色章成裏外衣

　　　洪水滔天苗不秀，中原曾見夢全非

此言咸同粵寇事，寇不薙髮，俗呼長毛，所立國號，曰太平天國，其酋不稱皇帝而稱天王為洪秀全，而其時又有苗沛霖之亂也。

又第三十五象為戊戌 ䷐ 震下兌上　隨

讖曰：西方有人　足踏神京　帝出不還　三台扶傾

頌曰：黑雲黯黯自西來，帝子臨河築金臺

　　　南有兵戎北有火，中興曾見有奇才

此言光緒庚子，八國聯軍入京，德宗奉孝欽后西狩事也。

又第三十六象爲己亥 ䷈ 乾下巽上　小畜

讖曰：纖纖女子　赤手禦敵　不分禍福　燈光蔽日

頌曰：雙拳旋轉乾坤，海內無端不靖

　　　　母子不分先後，西望長安入覲

此言孝欽后臨朝，德宗不得行其志也。

又第三十七象爲庚子 ䷩ 震下巽上　益

讖曰：漢水茫茫　不統繼統　南北不分　和衷與共

頌曰：水清終有竭，倒戈逢八月

　　　　海內竟無王，半凶還半吉

此言宣統辛亥八月，武昌起事，國運告終，南北言和，帝遜位而共
和成立也。〔註140〕

徐珂字仲可，浙江杭州人。商務印書館編輯，《辭源》編纂人之一。參加民主
革命的文學團體——南社，與胡懷琛同爲南社詩友及文壇前輩，此爲重要訊
息。據南社創始人物之一柳亞子《南社紀略》中所載，胡懷琛、徐珂皆列南
社詩友。〔註141〕徐珂亦如同何海鳴一般，在民國初年期間，大力爲晚出金聖
嘆批註《推背圖》版本宣傳，詳錄書中有關清末民初國事各象（第三十三象
至三十七象），並予附註，其中緣由，耐人尋味。況且，以徐珂所處生年，焉
有不知其他古本《推背圖》，但卻未置一辭，反獨鍾金聖嘆批註《推背圖》版
本，豈合一般治學常理？

　　柳亞子（1887～1958）《南社紀略》一書中，隱隱約約線索可循，日本逼
迫袁世凱於民國四年五月九日簽定喪權辱國的二十一條，詩人對於國事的悲
憤，對照其詩作，似乎透露著玄機，其記：

　　〈金縷曲〉三月朔日，南社同仁會於武林，泛舟西湖，醉而有作。

　　賓主東南美。集群英，哀絲豪竹，酒徒沉醉。……王氣金陵猶在否，

　　問座中誰是青田子。〔註142〕

〈金縷曲〉詩作用典，自承出自劉基「王氣金陵」，可見柳亞子對劉青田文采
武功輔國良臣的孺慕之情，其書有詩爲證：

　　自從二次革命失敗以後，袁世凱殘民盜國的手段，著著進行，到了

〔註140〕徐珂編：《清稗類鈔》（第九冊）（臺北：臺灣商務印書館，1983年），頁3～4。

〔註141〕柳亞子：《南社紀略》（上海：上海人民出版社，1983年），頁203。

〔註142〕同前註，頁18。

這一年，帝制野心，更加暴露。日本帝國主義者窺其隱衷，遂乘歐戰的機會，想獨吞中國，把二十一條來壓迫袁氏，復以承認帝制為交換條件，利誘威嚇，雙方並進；冢中枯骨的袁公路，自然甘心墜入其殼中而不自覺了。這是光復以來第一次的國恥，民氣沸騰，達於極點。可憐我是手無寸鐵的書呆子，只好抱著滿腔孤憤，寄沉痛於逍遙。五月九日南社第十二次雅集之日，正是中日條約簽字的那一天，我曾賦詩⋯⋯「驅車林薄認朝暾，草草重來已隔春。竟至何關家國事？羞教人說是詩人！」〔註143〕

《推背圖》版本眾多，內容不一，但依據眾多民國初年資料顯示，本專書研究發現，金聖嘆批註《推背圖》，似與南社詩社頗有關聯，舉凡個人著作與金聖嘆批註《推背圖》有關人士，皆有參與南社詩社之共同背景淵源。諸如：徐珂《清稗類鈔》。

　　總上觀之，金聖嘆批註《推背圖》確實頗盛行於當時，有心者購藏之並藉此推測國運，此亦可由民國七年時人黃郛的著書中，一窺當時情況與社會氛圍：

吾人嘗聞中國預言《推背圖》，書中自第三十七象，說明南北統一、共和成立後，其第三十八象之讖語，即為「門外一鹿，群雄爭逐，劫及鳶魚，水深火熱」四句。聖嘆批曰：「此象兵禍起於門外，有延及門內之兆」云云。此種預言，⋯⋯無從武斷。惟以年來內外情勢觀之，殆亦國運使然，無可逃避者歟？〔註144〕

錢玄同（1887～1939）在《新青年》致書中，有一番對《推背圖》看法的轉折，除反映了錢玄同後期思想的變化外，也提供了非常重要的訊息，亦即《推背圖》之於當時社會的影響。民國七年，錢玄同在《新青年》第五卷第六號1918年12月15日為文回應陳大齊的文章中，提及自己曾經相信《推背圖》預言確有靈驗，〈保護眼睛與換回人眼〉一文中指出：

我在一九〇三以前，曾經作過八股，策論，試帖詩；戴過頂座；提過考籃；默過冀學結晶體的什麼「聖諭廣訓」；寫過什麼避諱的缺筆字，什麼《字學舉隅》的字體，什麼「聖天子」、「我皇上」、「國朝」、「楓宸」的雙抬單抬冀款式；曾經罵過康、梁變法，曾經罵過

〔註143〕同前註，頁72。
〔註144〕黃郛：《歐戰之教訓與中國之將來》（臺北：文海出版社，1967年），頁103。

章、鄒革命，曾經相信過拳匪眞會扶清滅洋；曾經相信過《推背
圖》、〈燒餅歌〉確有靈驗……就是從一九〇四到一九一五（民國四
年），這十二年間，雖然自以爲比一九〇三以前荒謬程度略略減
少。〔註145〕

錢玄同自言在 1903 年以前，見過也曾經相信過《推背圖》，此處提供一個不
同的訊息，也就是錢玄同雖未提到圖讖內容，惟考其時序，錢氏當時所見的
應係古本《推背圖》，而非黃鄒所指的金聖嘆批註版本。換言之，在民國初年
期間，《推背圖》即有眾多版本，其中民國四年所出的金聖嘆批註版本，頗盛
行於當時。此從後文所記李幹枕編選《破除迷信全書》的評論也可印證。

　　無獨有偶，《推背圖》不止是盛行於當時社會大眾，同時也引起學術界對
於是否將之納入國故學的討論。民國八年，胡適在新文化運動的高潮中，提
出「以科學方法整理國故」的口號。胡適的這一主張，在全國各地引起了學
者的熱烈響應，使「整理國故」繼新文學運動以後，成爲一場席捲全國的學
術事業，引發「國故學」的熱烈討論。

　　曹聚仁（1900～1972）〈國故學之意義與價值〉文中將《推背圖》排除在
「國故」之外，其云：

　　　（一）無病呻吟之詩文（張三李四之文集屬之）；（二）未經熔化之
　　　外來文化（初期之佛教經典、基督教經典……皆屬之）；（三）原民
　　　時代所遺留之迷信（《推背圖》、風水之類屬之）；皆未可指爲中華民
　　　族之結晶思想，不得列於「國故」之林。〔註146〕

徐一士（1890～1971）《一士類稿》也有一段話提及《推背圖》，其曰：

　　　今文家一般之現象，在雜採陰陽五行家奇異之說。《易》、《詩》不關
　　　史事，（此舉大者言）《尚書》所事多在字句間，獨三傳異說最爲奇
　　　詭，而《公》、《穀》雜採爲尤甚，以人事推之迂怪，所關蓋不僅於
　　　禮樂制度之間。故自東京以來，三傳之爭最烈，「三統」、「三世」之
　　　說，已令人迷惘，而「素王爲漢制法」之語，實等俗世《推背圖》、
　　　〈燒餅歌〉之流，大爲不經。〔註147〕

〔註145〕錢玄同：〈保護眼睛與換回人眼〉，《新青年》第 5 卷第 6 號（1918 年 6 月），
　　　　　頁 626。
〔註146〕曹聚仁：〈國故學之意義與價值〉，載許嘯天輯：《國故學討論集》（上海：上
　　　　　海書店影印群學社，1927 年），頁 61～63。
〔註147〕徐一士：《一士類稿》（臺北：文海出版社，1966 年），頁 100。

由上可知，徐一士對於《推背圖》的看法，亦與章太炎相近，認為《推背圖》乃惑世不經之流。徐一士，原名徐仁鈺，辛亥革命前後，以「一士」為筆名在各大報章撰文，所撰掌故文章，保存了不少珍貴的歷史資料。

另外，民國十二年，凌善清編撰的《太平野史》，也曾引用《推背圖》（金聖嘆批本），第三十四象的太平天國預言。

綜整上述民國初年時期各名家著述提及《推背圖》，可見《推背圖》（金聖嘆批本）已廣為流傳，並且深信不疑者，大有人在。不過，也有對《推背圖》斥為妖妄之言，如章太炎、徐一士之流，經本研究整理歸納發現，大抵為儒家背景者。

民國十三年李幹枕編選《破除迷信全書》則對當時社會流傳的《推背圖》，有以下描述與評論：

> 讖緯的說法原是迷信家的製造品。最能使社會陷於迷離惝怳之中的，要以世俗所稱的《推背圖》為最。相傳唐時有李淳風與袁天綱共為圖讖，預言歷代變革之事，一直圖到六十多圖；李淳風還要往下圖，袁天綱用手推他的背說：「不必再圖了。」因此這一本圖讖，就是後世所推崇的《推背圖》。現在所傳的本，也不一種，其中的語調，若明若昧，閃閃灼灼類乎騎牆語，令人難憑；這就是他惑世的技倆處。
>
> 憑實說來，李、袁二人又焉能預曉六十朝以後的變革呢？……若要說些閃閃灼灼的話，毫不負什麼責任，又何必那本《推背圖》呢？無論誰都可信口胡謅的。〔註148〕

李幹枕對於當時社會仍對《推背圖》深信不疑，提出不同看法，他認為即便《推背圖》相傳為唐李淳風與袁天綱共為圖讖，也只不過是他倆惑世的伎倆，語詞曖昧不足憑信，進一步言，《推背圖》焉能預知千百年後的變革？李氏此書有二點可供參考，其一為李氏指出民國初年之際，《推背圖》有多種不同傳本。其二為李氏所據為六十多象之版本，亦即非屬託名金聖嘆批註之六十象版本，當可推知，在民國十三年李氏著書當時，民國四年所出金聖嘆批註《推背圖》，未必全然取而代之其他版本。

民國十七年上海澹園刊本《澹園讀書志》卷五，頁25，記有：

〔註148〕王秋桂、李豐楙編：《中國民間信仰資料彙編》（臺北：臺灣學生書局，1989年），頁457～458。

《推背圖》一卷。不錄撰人。五色繪圖本。〔註149〕

民國時期上海滄園刊本所收錄的古本五色繪圖本《推背圖》一卷,雖未錄作者為誰,且此古本現已杳然無踪,但仍不失作為見證《推背圖》流傳脈絡的參考資料,大抵應與現存彩色繪圖本無差,有別於現今黑白印刷坊本——民國四年所出之金聖嘆批註《推背圖》。

民國二十五年《唐弢雜文集·雨夜雜寫》:

> 關於《推背圖》的被查禁,相台岳肅之的《桯史》裡,記載得很詳細。那查禁的理由,據說因為是怕它「惑民志」,這大概並非虛話。五季之亂,亂得真有點一塌糊塗,大家都存了非分之想,「開口張弓之讖,吳越至以遍名其子」,這就是要做太上皇的證據。可見也實在惑得利害。岳肅之在說明了「遍名其子」以後,就接著說:「而不知兆昭武基命之烈也。」

> 原來連他自己也被惑在裡面。

> 而且我還疑心宋太祖也在內。因為要禁它,其實也就是怕它,惑它的反映。

> 查禁的起初,辦法大概是很嚴的,但也就因為辦法嚴,民間藏書又多的緣故,這才弄到誅不勝誅,只得抽亂了一百本,與原本同時流行。次序一亂,時代顛倒,流傳既久,真偽難辨,這就認不出誰是真本來。

> 這樣一直混亂著。「一二八」滬戰的時候,據說出現了《推背圖》的真本,等到和議告成,香檳喝過,可又無聲無臭了。前些時候,兩廣忽然揭起抗日的旗子來,這使我的一位前輩先生重又記起了《推背圖》。有一天,他對我說:「你知道『手執鋼刀九十九,殺盡胡兒方干休』的意思嗎?九十九是百缺一,百缺一明明是個白字,應在白崇禧身上,這回該是東洋鬼子的晦氣!」我當時唯唯而退。然而曾幾何時,看報上的消息,說是兩廣叛亂,即可敉平,可見早已以內亂相看待了,而某國卻又在這個時候,擴充了華北的駐屯軍。看來胡兒還無法殺盡,因此我頗疑心我的前輩先生的那本《推背圖》

並非眞本，他其實是上了古人的大當。〔註150〕

唐弢一九三三年開始在《申報·自由談》發表散文及雜文，他的雜文無論思想上和藝術上都深受魯迅影響，針砭時弊，對抗黑暗。抗日戰爭爆發時，在「孤島」上海堅持抗日文化運動。一九三二年一二八事變是日本帝國主義侵占上海，企圖作爲繼續侵略中國的基地。唐弢的文章透露出「一二八」滬戰的時候，據說出現了《推背圖》的眞本，在此時傳聞眞本《推背圖》出現了，似乎含有刻意人爲操弄成份在內，無非藉以宣傳鼓舞民心抗日必勝。唐弢在文中並疑心前輩記起的《推背圖》版本並非眞本，是上了古人的大當，言下之意，似乎也深信「一二八」滬戰出現的《推背圖》是眞本的傳言。

抗戰期間戰事紛擾，社會動盪，民心不安，時人感懷國事，憂心重重，每多寄情詩畫之中，以作排遣。鄭友梅在〈推背圖〉一文中，曾記載他在一九三七年春，忽覺大禍將臨頭，腦幕中幻現生靈塗炭，遍地屍骸的恐怖景象，心有所感，畫作〈寸燭萬髏圖〉；無獨有偶，徐亞郎幾乎在同時也作了「一鳥在枝上鳴叫，下面卻是丘墓和白骨」的圖畫軼事，他們兩人所畫的場景，不久都成爲了實現。〔註151〕當時日本進逼中國，在一九三七年七月七日發動盧溝橋事變，輕啓戰端，又稱「七七事變」，日軍殘害無辜，所至之處，果眞生靈塗炭，遍地屍骸。也由於《推背圖》盛行於當時，抗日時期蔡東藩（1877～1945）創作的中國歷史小說系列中，也不斷的再三將《推背圖》寫入歷朝各代之中。惟蔡氏所記詩讖皆與金聖嘆批註《推背圖》迥異，另有所本。

蔡東藩《五代史演義》云：

> 記得唐朝袁天罡與李淳風同作《推背圖》，曾傳下讖語道：「宗親散盡尚生疑，豈識河東赤帝兒！頑石一朝俱爛盡，后圖惟有老榴皮。」

> 自劉知遠稱帝后，人始能解此讖文，首句是隱斥石重貴，次句是借漢高祖的故事，比例知遠，三句是本遼主石爛改盟語，見二十八回。見得遼主滅晉，石已爛盡，應該易姓，四句老榴皮，是榴劉同音，作爲借映。此語未免牽強。照此看來，似乎萬事都有定數

〔註150〕唐弢：《唐弢文集》（第一卷）（北京：社會科學文獻出版社，1995 年），頁349～350。

〔註151〕閻軍：《顧隨年譜》（下），《泰山學院學報》第 2 期（2005 年 3 月），頁 59。

呢。〔註152〕

蔡東藩《宋史演義》又記：

> 相傳唐李淳風作《推背圖》，曾留有詩讖一首云：「此子生身在冀州，開口張弓立左猷。自然穆穆乾坤上，敢將火鏡向心頭。」……匡胤父子，生長涿郡，地當冀州；「開口張弓」就是弘字；「穆穆乾坤」就是得有天下，宋祖定國運，以火德王，所以稱作「火鏡」。還有梁寶志〈銅牌記〉，亦有「開口張弓左右邊，子子孫孫萬萬年」二語。南唐主璟，因名子為弘冀，吳越王亦嘗以弘字名子，統想符應圖讖，哪知適應在弘殷身上，這真是不由人料了。〔註153〕

蔡東藩《宋史演義》復云：

> 卻說宣和二年，睦州清溪民方臘作亂，方臘世居縣萬村，託言左道，妖言惑眾，愚夫愚婦免不得為他所惑……臘尚恐眾心未固，乃假託唐袁天罡、李淳風的《推背圖》，編成四語道．「十千加一點，冬盡始稱尊。縱橫過浙水，顯跡在吳興。」〔註154〕

另，劉令輿《五代史演義》第一回，則援引金聖嘆批註《推背圖》第十四象，開頭即云：

> 「五十三參運不通，十三童子五王公。英明重見太平日，金木水火土已終。」

> 唐貞觀年間，有二深通卦數易理之高人，一名袁天罡，一名李淳風。合著《推背圖》，……推演大唐以後二千四百年之時事變化，前四句乃《推背圖》第十四象，丁丑革卦頌詩，五十三參運不通者，乃五代十國共五十三年也。〔註155〕

而《推背圖》的這股風潮，不僅盛行於當時社會，即便是末代皇帝溥儀，也曾常年隨身帶著《推背圖》，在茫然生命中聊以排遣，包括隨侍在側的皇侄愛新覺羅・毓嶦、溥儀侍衛官溥佳及專研清史的秦翰才等人，皆曾提及溥儀與《推背圖》的關聯。一直陪侍溥儀左右的「皇侄」愛新覺羅・毓嶦，在其回憶錄中《愛新覺羅・毓嶦回憶錄》中，披露了一些外人所不知的情況，包括

〔註152〕蔡東藩：《五代史演義》（臺北：文化圖書公司，1988年），頁264～265。
〔註153〕蔡東藩：《宋史演義》（臺北：商兆文化公司，2006年），頁30。
〔註154〕蔡東藩：《宋史演義》（臺北：商兆文化公司，2006年），頁42。
〔註155〕劉令輿：《五代史演義》（臺北：明格打字刻印行，1986年），頁1。

在〈推背圖〉專文中描述其貼身觀察溥儀看《推背圖》的，以及當時社會對於《推背圖》預言的解讀與看法：

> 《推背圖》據說是唐朝的李淳風作的，他會算歷法，也會占卜，就成了神仙了，前知五百年，後知五百年。這本書是文圖並茂，一幅圖附有詞和詩，都是些讖語，或是預言等。這一本書上有二、三十幅圖畫，有的一幅圖就代表一個朝代。這本書所以叫《推背圖》，是在最後一幅圖上畫有兩個人，後邊的人推著前邊人的背，意思是說把人世間的事，無論是過去、現在、未來都算完了，不如推背歸去者。

> 如明朝的圖是畫著一棵大樹，樹上掛著一個曲尺，代表朱姓——木上一拐彎；圖的兩上角，一邊畫的太陽，一邊是月亮，日月——明。清朝則是畫了八面旗子，代表八旗，配的詞說：「手上走馬，口中吐火。」前一句是說清朝的衣服帶馬蹄袖，後一句指吸煙，從前吸的煙葉，又叫關東煙，本是成吉思汗遠征土耳其帶回來的煙草，音譯叫「淡巴菰」，最先就種植在關外。這兩幅圖是說的過去，沒有什麼新奇的，後邊再一幅說的日本侵略我國，儘管是附會吧！特別地巧合。我記得很清楚，圖中畫一座山，山上落一隻鳥，山邊畫個剛升起的太陽。配的詞是：鳥無足　山有月　旭初升　人都哭。「鳥無足」是鳥字去了底下的一橫，配上「山有月」成了島字，日本就是個島國。它的國旗是太陽旗，合「旭初升」，「人都哭」，老百姓遭受屠殺、掠奪都在哭。

> 還配有一首七言的詩，是驚人的巧合。

> 一口東來氣太驕，——一口是日字，東來，日本在我們的東邊，驕氣十足。

> 足下無履首無毛。——日本人沒有鞋，穿的是木屐；首無毛，過去日本軍人由士兵到將軍一律剃光頭，偽滿軍隊也是這樣。

> 一朝聽得金雞叫，——1945 年農曆是乙酉年，正好是雞年。

> 大海沉沉日已消。——日本垮台了。

> 這一幅圖真是信不信由你了。其他的圖就沒有印象了，還說原來李淳風畫的圖，後人把次序給弄亂了，所以和歷史就對不上了。……

> 對《推背圖》這本書，溥儀並不相信它，也和看雜誌、畫報一樣，

看看也就算完了。〔註156〕

上述回憶錄的記載，有三點值得注意：一、我們可以從毓嶦的敘述中，瞭解當時社會大眾對於《推背圖》預言的解讀，其實是與現今的解讀有很大不同，這也一定程度凸顯中國文字的「多義性」特點：「預言讖文可隨不同角度詮釋及解讀，而有不同的結果」。《推背圖》的文字特色，不難看出大量隱喻，模擬兩可的預言，不管怎麼解釋，都可以解釋得通。例如：「一门東來氣太驕」，日本侵華時被時人解讀的是日軍，國共內戰時，卻被附會成指的是毛澤東與周恩來，同樣的，「足下無履首無毛」，日本侵華時被認為是意指日軍，國共內戰卻被附會說成是蔣介石。二、毓嶦所見及所述《推背圖》內容及書上有「二、三十幅圖畫」，與民國五年何海鳴所記金批《推背圖》及現今流傳的朱肖琴所編金聖嘆批註《推背圖》版本有所不同，毓嶦所云應為寫本《推背圖》而非應何海鳴所云刊本《推背圖》，應屬更早或不同《推背圖》版本。如：毓嶦所述《推背圖》「清朝則是畫了八面旗了，代表八旗，配的詞說：『手上走馬，口中吐火。』」金聖嘆批註《推背圖》中八旗的圖畫卻是渡河船上插八旗，船中有人，且無「手上走馬，口中吐火。」配詞。值得注意的是，毓嶦所述《推背圖》詩讖「一口東來氣太驕，足下無履首無毛。一朝聽得金雞叫，大海沉沉日已消。」此讖，卻在金聖嘆批註《推背圖》中「一分為二」成為二個不同詩讖「十二月中氣不和，南山有雀北山羅。一朝聽得金雞叫，大海沉沉日已過。」（三十九象）「一口東來氣太驕，腳下無履首無毛。若逢木子冰霜渙，生我者猴死我雕。」（四十象）。就時間及內容而言，何海鳴所記金批《推背圖》在民國四年（1915）出版，朱肖琴所編金聖嘆批註《推背圖》出版時間為民國三十六年（1947），但經比覈何氏所記內容與朱氏所記內容皆同，蓋毓嶦所見及所述《推背圖》，若非毓嶦記憶有誤，或應屬更早或不同金批《推背圖》之版本。三、毓嶦在書中所披露的溥儀也看《推背圖》，是滿重要的訊息，而且以毓嶦貼身陪侍溥儀的背景，應有其可信度。而且，不只毓嶦提到溥儀看《推背圖》，秦翰才《滿宮殘照記》所引用溥佳日記，以及林省檔案局、檔案學會出版《蘭台內外》，亦記載溥儀也看《推背圖》，由此，可知《推背圖》影響深遠，不止民間相傳，即便中國最後一位皇帝溥儀，也看《推背圖》並受其影響。

〔註156〕愛新覺羅・毓嶦：《愛新覺羅・毓嶦回憶錄》（香港：和平圖書公司，2003年），頁64～66。

民國秦翰才（1895～1968），《滿宮殘照記》，在第九章〈生活一斑〉中呈現溥佳日記提及溥儀也看《推背圖》：

> 溥儀每天在宮中的生活怎樣呢？很難具體的描寫。恰好找到一本溥佳的日記，溥佳是溥儀的侍衛官，常和溥儀在一起，看溥佳的行動，也就可知溥儀的生活。
>
> 康德七年（1940）一月四日　十時正上班，「照例事務」後，一時餘上去侍膳、推手、打球，故覺乏累異常。
>
> 四月二日　正午還殿，即上去，閒談後侍膳。又至前樓看魚、臨帖，並賜タバコ（按，這是淡巴菰的譯音，便指捲菸）多半筒（阿大斯）〔按，「阿大斯」乃指半打，是 Half Dozen 的譯音〕。四時，退下。
>
> 四月十五日　一時半，上去侍膳後，看《推背圖》。人事循環，一治必有一亂，豈有月常圓之理耶？不過一台戲耳，一笑視之可也。三時半，退下。〔註157〕

除此之外，秦翰才也在同書第十九章〈宮中的圖書〉中記載，清宮也有收錄寫本《推背圖》，其記云：

> 我又把其他註明版本和寫本的，條列如下：
>
> ……寫本《漁樵問答》、《吉林通志》、《素書新解》、《詩經講義》、《四次訪鄰志》、《春秋義》、《採摭經義》、《中庸學撮要》、《西陲要略》、《西陲釋地》、《翠華備覽》、《女箴篇目》、《存樸堂繡像全譜》、《陳曾壽詩稿》、《道經》、《三合便覽》、《推背圖》。〔註158〕

秦翰才乃民國知名歷史學家，抗日勝利後曾於民國三十四年（1945）年底、三十五年（1946）年初，二度客旅長春。《滿宮殘照記》此書據作者於末章〈墨餘小感〉自述，脫稿於民國三十五年（1946）六月二十七日。當可供後人側面瞭解溥儀及滿州國的樣貌。

楊子忱〈關於中國末代皇帝的慶貴人譚玉齡之死的新說祕聞〉一文中也提及溥儀會看《推背圖》這事，詩讖文字與毓嶦所言無差，只是在解讀詩讖有所出入，其記：

〔註157〕秦翰才：《滿宮殘照記》（長沙：岳麓書社，1986 年），頁 63。
〔註158〕秦翰才：《滿宮殘照記》（長沙：岳麓書社，1986 年），頁 136～137。

溥儀看《推背圖》，但不信《推背圖》。可是有一事，後來溥儀覺得
是那樣祥巧，與日本侵略中國的事情很是差不多。

《推背圖》上有一畫，畫一山，一鳥一日，日剛出升。其配詞云：「鳥
無足　山有月　旭初升　人都哭。」此配詞，可解釋爲：「鳥無足」
即鳥字下去四點，「山有月」即再配上一個「山」字，構「島」字，
日本即是個島國；「旭初升」，日本國旗爲太陽旗；「人都哭」，指日
本侵略中國，人民遭受塗炭。此圖還配有一詩云：「一口東來氣太驕，
足下無履首無毛。一朝聽得金雞叫，大海沉沉日已消。」

此詩可解釋爲：「一口東來氣太驕」，「一口」爲日，「東來」，指日本
在我國之東；「氣太驕」，指其驕橫，不講理。「足下無履首無毛」：「足
下無履」，日本人在家，不好穿鞋，而穿木屐；「首無毛」，指日本軍
人，過去一律光頭，不留髮。「一朝聽得金雞叫」：日本戰敗投降，
是在一九四五年，那年正是乙酉年，即雞年，而中國大陸地圖，外
形又像一隻昂首挺立的金雞。「大海沉沉日已消」：指日本垮台了。
這事後來確實應驗了。〔註159〕

楊子忱爲滿族人，國家一級作家。楊子忱說法與毓嶦所言，大致相符，惟楊
認爲「一朝聽得金雞叫」，除指乙酉年，即雞年，也提到當時外蒙已獨立的狀
況，中國領土形似金雞，此點，在一般論及《推背圖》文章中，尚不多見。

　　以皇侄毓嶦以及侍衛官溥佳與溥儀的親近關係，以及秦翰才著書與吉林
省檔案局資料觀之，末代皇帝溥儀看《推背圖》之說有一定可信度，但遍查
一九六四年群眾出版社出版的溥儀回憶錄《我的前半生》（定本），並未記載
溥儀自言會看《推背圖》這事，故而始終找不到直接證據或由溥儀本人親口
說出，要來的眞切與代表性，經本研究鍥而不捨，查找二〇〇七年該社重新
出版的溥儀的回憶錄《我的前半生》（全本），從該書補齊當年（1964）囿於
政治氣氛、言論尺度等限制因素被刪節的十五、六萬字中，終於見到溥儀親
口證實也看《推背圖》這事，溥儀自言：

回想我過去的半生中，每次卜算命運，我得到的預言總是最好的，
而最後的結果總是最糟的。……

幾十年來，我手邊總有幾本《未來預知術》、〈燒餅歌〉、《推背圖》

〔註159〕楊子忱：〈關於中國末代皇帝的慶貴人譚玉齡之死的新說祕聞〉，《蘭台內外》
　　　　（2006 年 6 月），頁 58。

之類的東西，這與其說是爲了給自己算命，不如說是給自己精神上
以麻醉，以暫時忘卻對未來的恐懼……

我總以爲自己是奉天承運……而事實上悖天逆運的正是自己。
〔註160〕

可惜的是，溥儀並未對《推背圖》內容及詩讖多加描述，無法針對毓嶦所言
與金批本之異，作一比對。但可以確定的是，長期生活在困惑的現實中以及
面對不可知的未來，溥儀身邊總帶著《推背圖》，尋求精神上的寄託與麻醉，
也可由此知悉，即便是末代皇帝也是頗受《推背圖》影響，更何況是當時一
般販夫走卒。

茅盾（1896～1981）《故鄉雜記》云：

朋友，你猜想來我是帶了一本什麽書在火車中消遣？「金聖嘆手批
《中國預言七種》」！這是十九路軍退出上海區域前後數日內，上海
各馬路轉角的小報攤所陳列，或是小癟三們釘在人背後發狂地叫賣
的流行品之一！我曾經在小報攤上買了好幾種版式的《推背圖》和
〈燒餅歌〉，但此部《中國預言七種》卻是離開上海的前夕到棋盤街
某書局買來，實花大洋八角。……封建中國的「傳統的」預言家如
劉伯溫等等及其〈燒餅歌〉、《推背圖》，卻完全是消極作用。取例不
遠，即在此次上海的戰事。二月二十左右，日本援軍大至，中國卻
是「後援不繼」，正所謂「勝負之數，無待著龜」的當兒，大批的
〈燒餅歌〉和《推背圖》就出現於上海各馬路上了。〈燒餅歌〉和《推
背圖》原是老東西，可是有「新」的注解，爲悲憤的民眾心理找一
個「定命論」的發泄和慰安。閘北的毀於炮火既是「天意」，那就不
必歸咎於誰何，而且一切既係「天意」，那就更不必深痛於目前的失
敗，大可安心睡覺，——或者是安心等死了。這是消極的解除了民
眾的革命精神，和緩了反帝國主義的高潮。這是一種麻醉的藝術
品，特種的封建式的麻醉藝術品！……《推背圖》和〈燒餅歌〉就
根據了此種封建小市民的政治哲學而造作。中國每一次的改朝換
代，小市民都不是主角，所以此種「政治哲學」就帶了極濃厚的定
命論色彩。〔註161〕

〔註160〕溥儀：《我的前半生》全本（北京：群眾出版社，2007年），頁434～435。
〔註161〕茅盾：《茅盾全集》（北京：人民文學出版社，1986年），第11卷，頁89～94。

茅盾，原名沈德鴻，字雁冰，一九三○年加入魯迅發起的「中國左翼作家聯盟」。一九四九年後任中國文聯副主席，中國作家協會主席，文化部長等職。茅盾這篇文章最初連載於一九三二年六、七、八月《現代》第一卷二、三、四期，長篇記述在一九三二年回鄉旅途中，所親見親歷之人、事、地、物，以及自己與同車旅客原本互不認識，卻因手中一本《推背圖》而引發的熱烈討論，對「一二八」戰爭以及《推背圖》預言，在鄉鎮各階層人民中所引起的不同反應，都有清晰的描述。

最後茅盾總結出《推背圖》之所以在中國的歷代中大行其道歷久不衰，主要歸結於濃厚的定命論深植人心，並為封建時代人民的政治需求，因此創造出《推背圖》之類的政治預言，為群眾心理找一個「定命論」的發泄和安慰，明白地指出《推背圖》的盛行，其背後實有濃厚的中國傳統文化及民心思想所致，也為抗日期間《推背圖》的再度熱賣，作出了傳神的詮釋；同時也留下相當可貴的文史資料，見證了《推背圖》在民國期間的流傳情況。另外，從茅盾自言「我曾經在小報攤上買了好幾種版式的《推背圖》和〈燒餅歌〉」可知，當時坊間販售的《推背圖》版式確有不同內容。

非常不尋常的是，魯迅（1881～1936）在一九三三年至一九三四年間相距僅十二個月，就四度在雜文中提及《推背圖》。在魯迅的文章中，其晚年對《推背圖》一再的提及卻未如對《水滸傳》般專文考論。魯迅早年留學日本，而在魯迅前、後輩旅日學人當中，曾經為文談論《推背圖》者，也不在少數，諸如章太炎、郁達夫、周作人等人。魯迅發表于一九三三年四月六日《申報·自由談》，署名何家干的〈推背圖〉一文，如此敘述：

> 我這裡所用的「推背」的意思，是說：從反面來推測未來的情形。……倘使都當反面文章看，可就太駭人了。但報上也有「莫干山路草棚船百餘隻大火」，「××××廉價只有四天了」等大概無須「推背」的記載，於是乎我們就又胡塗起來。聽說，《推背圖》本是靈驗的，某朝某帝怕他淆惑人心，就添了些假造的在裡面，因此弄得不能預知了，必待事實證明之後，人們這才恍然大悟。〔註162〕

魯迅此文以〈推背圖〉為題，發表對時局的看法，後收錄於《偽自由書》，一九三三年十月由上海「北新書局」以「青光書局」名義出版。此篇係魯迅首度提及《推背圖》，並以此為篇名的文章，後人研究並廣為引用。文中筆意似

〔註162〕魯迅：《魯迅全集》（香港：文學研究社，1973年），第5卷，頁73～74。

相信《推背圖》宋代流傳的眞實性，對於岳珂「宋太祖假書亂眞」之說，並未批駁。

一九三四年由上海興中書局出版《淮風月談》一書中，魯迅再度提及《推背圖》，在化名虞明〈詩和預言〉一文中：

> 預言總是詩，而詩人大半是預言家。然而預言不過詩而已，詩卻往往比預言還靈。
>
> 例如辛亥革命的時候，忽然發現了：「手執鋼刀九十九，殺盡胡兒方罷手。」這幾句《推背圖》裡的預言，就不過是「詩」罷了。那時候，何嘗只有九十九把鋼刀？還是洋槍大炮來得厲害：該著洋槍大炮的後來畢竟佔了上風，而只有鋼刀的卻吃了大虧。況且當時的「胡兒」，不但並未「殺盡」，而且還受了優待，以至於現在還有「僞」溥儀出風頭的日子。所以當做預言看，這幾句歌訣其實並沒有應驗。——死板的照著這類預言去幹，往往要碰壁，好比前些時候，有人特別打了九十九把鋼刀，去送給前線的戰士，結果，只不過在古北口等處流流血，給人證明國難的不可抗性。——倒不如把這種預言歌訣當做「詩」看，還可以「以意逆志，自謂得之」。
>
> 至於詩裡面，卻的確有著極深刻的預言。我們要找預言，與其讀《推背圖》，不如讀詩人的詩集。〔註163〕

《淮風月談》初版本中沒有標明出版年月，但據魯迅日記、書信記載，此書於一九三四年十二月十九日由聯華書局以興中書局名義出版，印數一千，月餘所剩無幾。

魯迅將〈燒餅歌〉裡的預言「手執鋼刀九十九，殺盡胡兒方罷手。」說爲《推背圖》裡的預言，應係清末之後〈燒餅歌〉與《推背圖》常合輯爲一書；且民國之際，《推背圖》盛名遠大於〈燒餅歌〉，合刊本也多以《推背圖》爲書名，附錄〈燒餅歌〉等預言。「手執鋼刀九十九，殺盡胡兒方罷手。」出處，若非魯迅因之便宜說爲《推背圖》預言，，就是魯迅不察之誤。至於文中提到時人深受預言影響而平白犧牲，甚至揶揄溥儀受日本庇佑成立僞滿洲國，而發出喟嘆「要找預言，與其讀《推背圖》，不如讀詩人的詩集。」也與「盡信書不如無書」之慨有幾分相同。

〔註163〕同前註，頁184。

　　魯迅在一九三六年六月由上海聯華書局出版《花邊文學》一書中二次提
及《推背圖》，分別爲化名倪朔爾的〈運命〉及化名公汗的〈偶感〉文中提到：

　　〈運命〉──倪朔爾

　　不信運命，就不能「安分」，窮人買獎券，便是一種「非分之想」。
　　但這于國家，現在是不能說沒有益處的。不過「有一利必有一弊」，
　　運命既然不可知，窮人又何妨想做皇帝，這就使中國出現了《推背
　　圖》。據宋人說，五代時候，許多人都看了這圖給自己的兒子取名字，
　　希望應將來的吉兆，直到宋太宗？抽亂了一百本，與別本一同流通，
　　讀者見次序多不相同，莫衷一是，這才不再珍藏了。然而九一八那
　　時，上海卻還大賣《推背圖》的新印本。〔註164〕

　　〈偶感〉──公汗

　　還記得東三省淪亡，上海打仗的時候，在只聞炮聲，不愁炮彈的馬
　　路上，處處賣《推背圖》，這可見人們早想歸失敗之故於前定了。三
　　年以後，華北華南，同瀕危急，而上海卻出現了，「碟仙」。前者所
　　關心的還是國運，後者卻只在問試題、獎券、亡魂。著眼的大小，
　　固已迥不相同，而名目則更加冠冕，因爲這「靈乩」是中國的「留
　　德學生白同君所發明」，合於「科學」的。〔註165〕

魯迅對於《推背圖》似乎有自己的一套看法，既不直指考論《推背圖》眞
僞，也對《推背圖》的流傳，歸結於國人相信不可知的運命之說，古代革
命者信之，當代抗日者亦信之，將一切現實歸之於前定。但魯迅卻指出「要
找預言，與其讀《推背圖》，不如讀詩人的詩集。」極盡嘲諷，並也爲東三
省淪陷後，抗日期間上海處處賣著《推背圖》的那段歷史，留下了眞實的紀
錄。

　　《推背圖》在抗日期間的盛行，不止讓魯迅、茅盾在文章中一再提到《推
背圖》，就連在一九三五年十二月十一日出刊《良友畫報》中，郁達夫（1896
～1945）描述上海茶樓的專文裡，也提到《推背圖》在當時中產社會「交誼
場所」口耳相傳，充分反映了當時社會氛圍以及地方生活的情況：

　　除了這一批有正經任務的短幫茶客之外，每日於一定的時間來一定
　　的地方作顧客的，纔是眞正盧仝、陸羽們。他們大抵是既有閒而又

〔註164〕同前註，頁360～361。
〔註165〕同前註，頁388。

> 有錢的上海中產的住民；吃過午飯，或者早晨一早，他們的兩隻腳，
> 自然走熟的地方走。看報也在那裏，吃點點心也在那裏，與日日見
> 面的幾個熟人談談《推背圖》的實現。〔註166〕

郁達夫所指的茶樓裡日日見面的熟人，談談《推背圖》的實現，自然指的是
「一朝聽得金雞啼，大海沉沉日已落」的日本戰敗預言，何日得以實現；也
爲《推背圖》成爲抗日期間，苦悶的人民尋找慰藉的出口，留下了見證。

至於蕭振鳴所編《魯迅評點中外名著》，全書節錄了魯迅各文章中所提到
的中外的一些經典作品，有的是談版本，有的是做考證，有的是說內容，有
的是說歷史作用，有的是講藝術特色。該書出現有「假造的《推背圖》」篇名
的文章，所錄與其說是魯迅評點，倒不如說是蕭振鳴自己的觀點，實與魯迅
原意頗有出入，故而本專書一併提出說明，以免訛誤曲解。

書中一篇以「假造的《推背圖》」爲題，乃蕭振鳴節引魯迅二篇文章〈推
背圖〉（聽說，《推背圖》本是靈驗的……）與〈運命〉（……然而九一八那時，
上海卻還大賣《推背圖》的新印本），衍伸所作之篇名。〔註167〕然而詳讀魯迅
諸篇關於《推背圖》文章，實則魯迅文章一再提及《推背圖》，應是反映當時
社會氛圍所致，對於預言應驗與否，魯迅雖持保留，但對《推背圖》並未斷
然評點眞僞，蕭氏標題卻容易讓讀者不察，誤認爲魯迅曾經評點《推背圖》
是假造的。

民國二十六年（1937）七月七日中國宣佈全面抗日之後，馮玉祥（1882
～1948）在〈我們一定勝利〉一文中，列舉中國抗日一定勝利的十一個理由，
其中有個理由就是引《推背圖》的預言一定勝利：

> 據我們看來，中國必勝，至少有下列各種因素，一是中國的理直氣
> 壯。……二是中國的民氣激昂。……三是中國的士兵拼命。……八
> 是《推背圖》上已經預言。〔註168〕

馮玉祥是知名的抗日將軍，在其鼓舞民心抗日文章中，就列舉了《推背圖》
預言，日本終將失敗，來印證中國必勝。此語提供後人研究之珍貴史料線索，
可見當時《推背圖》在民間及部隊中流傳頗廣、影響頗大。時至今日，中華
民國政府遷台後，反倒似乎因爲坊間流通版《推背圖》有蔣氏政權敗走的預

〔註166〕郁達夫：〈上海茶樓〉，《良友畫報》第112期（1935年12月），頁44～45。
〔註167〕蕭振鳴編：《魯迅評點中外名著》（福建：福建教育出版社，2006年），頁92。
〔註168〕馮玉祥：《馮玉祥選集》（北京：人民出版社，1998年），上卷，頁456。

言，而未見政局主事者公開討論或言及此書，此現象頗值研究者關注。

　　事實上，日本侵華時，也因爲《推背圖》的盛名，而利用中國不肖宗教組織，僞造《推背圖》預言以破壞國人民族自信心，宣稱中國是「白日」，日本是「紅日」，「白日」無法打過「紅日」等邪說妖言，在德國學者鮑爾教授（Prof. Bauer, Wolfgang）於 1973 年發表專著《Das Bild in der Weissage-Literatur Chinas》，其中即有收錄日本軍人爲封面的《推背圖》。日軍侵華假借會道門造謠說《推背圖》上云：「單看龍蛇跨馬，五洋大鬧中華，西方佛子回去，胡兒對對還家。」意思是五洋各國進攻中華是天命，是「氣數」非得等到「西方」的「佛子」回去以後，鬼子（胡子）自然就出去了，當然也就不用參加什麼抗日了。〔註 169〕

　　日軍藉此邪說妖言愚弄鄉民，並四處造謠宣稱中國打不過日本，意圖散渙民心士氣。邵雍《中國會道門》記載云：

> 在口僞特務機關的指使下，一貫道大力宣傳「不抵抗主義」、「中日親善」等漢奸理論，胡說「日本人來中國是天數，來收惡人」，「日本國旗是太陽、師尊屬「日」，擔有天命。現在口當正午，日方應運，上乘天象、應道的先兆」等等，愚弄百姓。〔註 170〕

馬敘倫（1885～1970）《石屋續瀋》〈讖語〉云：

> 讖語起於戰國，至秦時，有「明年祖龍死」之記，漢成、哀時始盛。光武以「劉秀爲天子」應讖，遂崇信之，至以違讖爲大逆。其實此巫家之所傳，上古神話之演變也。巫家變而爲道教，東漢初有《太平清領書》，頗見引於李賢《後漢書》注，今在《道藏》，爲道教本質之經典。至以老莊入藏，則牽引附會以爲重，而今通傳諸經典，又模仿釋教爲之，後起之作矣。唐有李淳風《推背圖》，明有劉基〈燒餅歌〉，亦未可據。〔註 171〕

馬敘倫爲北大教授，曾任中華民國教育部次長及中華人民共和國第一任教育部長；雖其對李淳風《推背圖》及劉基〈燒餅歌〉語焉不詳，但從其文中精要描述讖語之源起及流傳變貌，並舉此二書爲例觀之，《推背圖》在其執筆爲

〔註 169〕邵雍：〈日寇利用中國會道門侵華述論〉，《江蘇行政學院學報》第 4 期（2005年），頁 127。

〔註 170〕邵雍：《中國會道門》（上海：上海人民出版社，1997 年），頁 366；轉引自《重慶文史資料》，頁 196。

〔註 171〕馬敘倫：《石屋續瀋》（上海：建文書店，1949 年），頁 87。

文之際，應為風行之書。

國共內戰期間，《推背圖》也在軍旅將領之間廣泛討論，《北京日報》記者訪談新聞前輩新華社記者李普，李普回憶當年訪談劉伯承（1892～1986），劉民親口說出：

> 對蔣介石這種人，魯迅的《推背圖》說得好，他說什麼話，你要從反面想。在這次戰役中，繳獲了蔣介石的一個密令，命令他的部隊在停戰令以後繼續進攻，但是嚴禁發表新聞。
>
> 劉師長在談到這個密令的時候，又一次說：「對蔣介石，你不能以人情常理來推斷他。你要學《推背圖》。」
>
> ……這次訪問距今已半個多世紀了，劉帥那種表情給我的印象如此之深，至今依然歷歷如在眼前。……劉帥不只一次地提到魯迅的《推背圖》。他那樣熟悉魯迅，使我很吃驚。〔註172〕

劉伯承歷經反清辛亥革命、反袁二次革命、抗日戰爭，受封中華人民共和國元帥。由上可知，即便國共內戰當下，《推背圖》的書名，亦深烙人心；魯迅的《推背圖》雜文，在於當時影響人心頗大，不只藝文界受其影響，甚至被軍人引用於軍情研判。

相較於魯迅，其弟周作人則對《推背圖》評價似乎不高，在《知堂書話》作品中，批判傳統迂腐五行思想時，被拿出來例舉數落一下。值得注意的是，據其筆下描述《推背圖》在尋常店家中隨處可見的情況，倒是與時人所言無差，可見《推背圖》風行甚廣。周作人（1885～1967）《知堂書話》〈讀《童謠大觀》〉書評中曾言：

> 童謠並不是熒惑星所編……我看見民國十一年出版的《童謠大觀》……《推背圖》、〈燒餅歌〉和《斷夢秘書》之類，未嘗不堆在店頭，但那只應歸入「占卜奇書類」中，卻不能說是「新時代兒童遊戲之一」了。我對於《童謠大觀》第一表示不滿的，便是這五行志派的意見，因為這不但不能理解兒歌的價值，而且更要引老實的讀者入於邪道。〔註173〕

李金洲《西安事變親歷記》一書中，回憶當時相關人士的餐敘，即有張學良

〔註172〕李慶英：〈李普談劉伯承元帥（2）——李普同志訪談錄〉，《北京日報》，2006年7月31日。

〔註173〕鐘叔河編：《知堂書話》（臺北：百川書局，1989年），頁47。

舊部屬湯國楨曾引《推背圖》「西北將軍會八牛」詩讖應驗國事，認為「西安事變」乃「事皆前定」，反映出《推背圖》在當時流傳情形，其記：

> 湯氏說張氏調往西北事皆前定，在李淳風與袁天綱之《推背圖》上
> 有記載，原文為「西北將軍會八牛」，請大家想想當如何解釋，（作
> 者從未看過《推背圖》，確否不敢負責，姑妄聽之而已。）在座同仁，
> 均茫然不解。……當時不過酒後笑談，及西安事變後，方悟八牛者
> 朱也，朱者赤也，張氏發動事變，促成政府與赤匪合作也。冥冥中
> 其有數乎？〔註174〕

此後見之明，端視信與不信，信者或謂「事皆前定」，不信者或謂「牽強附會」。另外，查作者該文在一九七一年十二月發表於《傳記文學》期刊時，云「劉伯溫作《推背圖》」，但在隔年正式出書時，已更止為「李淳風與袁天綱作《推背圖》」，併此敘明。

　　《推背圖》讖文不僅因為中國文字的多義性，可有不同的解釋與詮釋，其圖畫亦有非常大的彈性與解釋空間。故而圖讖經常可以被「擴大解釋」而被視為「貼合時事」。諸如對於日本戰敗的預言，也有不同於前文楊子枕與毓嶦等人的說法，特別是，當時尚屬日本統治的臺灣同胞，也深受《推背圖》圖讖的鼓舞影響，企盼早日脫離日本統治，十冒危險私下描繪油印從上海帶回的《推背圖》。尹章義教授的田野記錄，讀來令人動容：

> 前年在樹林做田野工作，拜訪耆老張福祿先生，張先生拿出一本泛
> 黃的油印本《燒餅歌、推背圖》，他說，這是他在日據時代偷偷的油
> 印流傳的一本書。《燒餅歌、推背圖》是民間流傳的一本讖緯小冊，
> 全書怪誕不經，為什麼要偷印呢？我正疑惑不解的時候，張先生翻
> 到最後幾頁，一幅兩個小孩手持長矛刺向一個大圓圈的圖畫，他指
> 著那幅圖說：大圓圈是大太陽，象徵強盛的日本，持矛刺日的兩個
> 孩童，代表中國雖弱小，只要團結起來，必定打敗日本。原書是一
> 個朋友在七七事變之後，從上海帶回來的，一時轟動，大家搶閱，
> 張先生就照樣描繪，油印了幾十份給親朋。〔註175〕

孔德懋（1817～）《孔府內宅佚事》中也有提及《推背圖》，不過內容卻是與坊間相傳迥然有別，非指歷代國運而言孔府後世家運，此或許是作者托大之

〔註174〕李金洲：《西安事變親歷記》（臺北：傳記文學出版社，1972年），頁7。
〔註175〕尹章義：《台灣近代史論》（臺北：自立晚報社，1986年），頁53。

言，也或許是孔府的緣故，才會有此傳說。其記：

> 我小的時後在孔府見過一張圖，叫做《推背圖》，據說是唐朝時候，
> 有兩個很有名的算命先生，一個叫袁天綱，一個叫李淳風繪製的。
> 那上面真是包羅萬象，日月星辰、山川樹木、飛禽走獸、日常用具，
> 什麼都有，極其雜亂地混在一起，誰也看不懂。其中有一隻小猴子
> 拿著一個桃子，別人告訴我這就是第七十七代。小弟屬猴，父親去
> 世，只有嫡母陶（桃）太夫人。
>
> 這《推背圖》上要什麼有什麼，不管哪一代都可以找出適合自己解
> 釋的圖形來，袁天綱、李淳風可真夠聰明的了。〔註176〕

孔府與《推背圖》關聯的敘述，作者是先在一九八八年十月發表於《傳記文
學》，可能因為發表後覺得不妥，而在正式出書時刪除了以下一段敘述，茲補
列之以供參考比對：「孔府曾請他倆給孔府的後世各代子孫算過命，據說他倆
背對背坐著，將後世各代子孫的命運遭遇都用一張張圖表示出來，然後兩人
將這些無數張圖混淆在一起，合成一張大圖，叫《推背圖》。」

　　薩孟武（1897～1984）《學生時代》回憶錄中，記述了他兒少時期耳聞目
睹的種種人物和事件。其中就有專篇〈燒餅歌與推背圖〉提到《推背圖》的
流傳，雖然作者可能記憶有誤，或將某和尚（應是指黃檗禪師）指為《推背
圖》作者，且所言《推背圖》歷述順治而至光緒，應是指〈黃檗禪師詩〉內
容，但仍不失為瞭解清末之際《推背圖》流傳情況重要參考。其記：

> 在前清末季，大約宣統元年（1909）之時，劉基的〈燒餅歌〉與什
> 麼和尚的《推背圖》在市上都可以秘密買到。社會太平之時，一切
> 安定。將亂之際，必有許多預言……
>
> 《推背圖》不似〈燒餅歌〉那樣流行，這大約因為劉基聲名甚大之
> 故。
>
> 《推背圖》歷述順治而至光緒，所言若合符節，似是清末排滿的人
> 所創作的。然其影響甚大，時人均深信清勢必亡。〔註177〕

無獨有偶，不止薩孟武教授在回憶錄中提及《推背圖》之類預言書在晚清時
期盛行，知名作家冰心（1890～1999）在其《冰心全集》作品中，也回憶童
年時期於一九一一年路經上海，看到《推背圖》極為搶手的情況，一九一一

〔註176〕孔德懋：《孔府內宅軼事》（臺北：傳記文學出版社，1991 年），頁 173～174。
〔註177〕薩孟武：《學生時代》（臺北：三民書局，2005 年），頁 58～59。

年適逢辛亥革命，冰心所記也說明了晚清時期民心浮動，革命風潮方熾，同時助長了《推背圖》或〈燒餅歌〉之類的預言書，由是在民間盛傳：

> 前天半夜醒來，眼前忽然攤著一個打開的薄薄的本子，是我幾十年來從未想到也未曾再看到的〈燒餅歌〉，又名《推背圖》（「推背」兩字不知什麼意思），這是明太祖朱元璋和他的軍師劉基的一段談話，和劉基說的一些對於天下事的預言，是我在一九一一年從煙台回到福州路過上海時，從大人那裡看到的，是當時極為搶手的一本書！

> 開頭是講朱元璋咬了一口燒餅，看見劉基來了，便把它蓋在碗下，請劉基猜裡面是什麼東西，劉基說：「半似日分半似月，曾被金龍咬一缺。這是一塊燒餅。」以下便是朱元璋請劉基算一算將來的國運，劉基的回答，全是七個字一句的，從朱元璋以後幾代的明朝皇帝一直講到清朝的光緒和宣統（他的每句話雖極「模糊」，但是卜面都有注釋，也不知是誰加的。

> 底下又說了一大段話，如「得見金龍民心開，刀兵水火一齊來，……，父死無人兄弟抬」，至此朱元璋問：「胡人至此尚在否？」劉基說：「胡人至此亡之久矣」。底下還有許多沒法子解釋的話，最後是：「適有異人白楚歸，馬行千里尋安歇……除暴安良民多穀，安享九州金滿籝。」

> 這是一九一一年的事了，「辛亥革命」這「革命」二字，是當初許多愚昧無知，數千年習慣於封建制度之下的民眾所不能了解的，這種像算命一樣的書，便應運而生了。

> 天快亮時，我忽然想到最後四句話的頭一句，所謂「異人自楚歸」，楚是湖南，這位異人是不是指的毛澤東主席呢？

> 中華人民共和國，不是在舉國紛亂中成立了麼？說來也真巧！

> 我寫下了這一段，是想說明人的頭腦，是個最奇怪的東西，在毫無聯想之中，忽然浮現出一本幾十年來早已忘卻而且是當時看後就一笑置之的無聊的書。〔註178〕

依據冰心的回憶，〈燒餅歌〉又名《推背圖》在一九一一年當時乃極為搶手的

〔註178〕冰心：《冰心全集》（福州：海峽文藝出版社，1994年），第8卷，頁380。

一本書！只是所提內容全係〈燒餅歌〉，與《推背圖》內容並無關聯。且據冰心自言「『推背』兩字不知什麼意思」、「這是明太祖朱元璋和軍師劉基的談話」、「薄薄的本子」推論，冰心手上的一九一一年版本，雖書名〈燒餅歌〉又名《推背圖》，然就所言觀之，內容應只有〈燒餅歌〉而已。而數十年後再提當時一笑置之的「無聊書」，似乎冰心心中早有「定見」，而非「毫無聯想」。

　　同樣的，在張鳴〈民意與天意——辛亥革命的民眾回應散論〉，引述《辛亥革命江蘇地區史料》第 217～218 文獻，提出清末當時的社會氛圍，瀰漫著當朝者失政失德的感受，「氣數說」深植民心，加上《推背圖》之類的圖讖推波助瀾，為辛亥革命的成功，寫下民意與天意結合的註腳，其文：

> 「氣數說」是一種中國固有的帶有神秘色彩的政治理念，蘊涵了五德循環的古老觀念，而且為王朝興衰的周期律所證實，受歷史感頗強的民間戲曲小說的薰染以及《推背圖》、〈燒餅歌〉之類的讖書的影響，民間自然不難接受這種觀念。但是這種說法成為針對「本朝」的普遍流行意識，畢竟要有嚴重的政治腐敗，普遍的社會動盪的背景襯托。氣數已盡的民間說法，往往意味著民不聊生和民怨沸騰，統治者不僅失政而且失德。在南通，由於清政府苛捐雜稅繁重，經歷官吏又層層勒索，「工商業者怨恨極了，大罵亡國政府，且有附會《推背圖》、〈黃蘗詩〉各種讖言，以決定清朝必然覆滅。」〔註179〕

不過頗值玩味的是，自從 1949 年國共分治以來，雙方領導人皆鮮少在公開場合提及《推背圖》。據本研究所得，周恩來曾在一次公開會議主動提及《推背圖》，則成為罕見紀錄。1952 年 10 月 25 日，在全國工商聯籌備委員會第二次常委會後，周恩來與若干代表人物的談話紀要中，曾經主動提及《推背圖》：

> 過去我曾經講過多次，毛主席的方針是穩步前進，三年恢復，十年、二十年發展，發展新民主主義經濟可能要十年、二十年，不能把時間說得那麼準，馬克思主義不是劉伯溫的《推背圖》。〔註180〕

〔註179〕張鳴：〈民意與天意——辛亥革命的民眾回應散論〉，《二十一世紀雙月刊》總第 68 期（2001 年 12 月），頁 5。
〔註180〕中共中央文獻研究室：《建國以來重要文獻選編》（第三冊）（北京：中央文獻

周恩來明顯口誤將劉伯溫當作《推背圖》作者，不過，這也是一般人的印象與錯覺，在本專書研究中，不乏知名學者誤以為《推背圖》作者是劉伯溫。此段談話正是中共建國第三年，但不管周恩來是出自有意或是無心，言談之間似乎透露出認為《推背圖》是神驗的。

臺灣首位氣象主播馮鵬年（1929～2012）在其回憶錄《瑪拉寇斯‧生命》一書中，也曾描述民國三十七、八年間在廣州的景況，可供後者了解到《推背圖》在書攤上熱銷的情況：

> 我是民國三十七年十二月被調到廣州天河機場，民國三十八年八月離開，我把在廣州這八個多月的日子定名為「前夜」，是什麼的前夜呢？是革命的前夜？是大逃亡的前夜？是時代巨變的前夜？還是，我自己對人生所做的最重要一次抉擇的前夜呢？都算對吧。……街市上明顯地也有前夜的徵兆，書攤上賣的是《推背圖》、〈燒餅歌〉兩種小冊子，要和我年齡相若的人才知道這兩本書的意義，它們流傳百年甚至傳說一千年了，用模稜兩可的簡單語句，給人們解釋時代變遷時內心的不確定感，有人用它暫時穩定住焦慮的情緒，也算是心理治療的方式之一。〔註181〕

馮鵬年從常民的角度，提到《推背圖》預言，在時代變遷、人心浮動的時候，提供了撫慰心靈的效用，也無怪乎流傳了百年甚至千年，甚且在中華民國政府撤守臺灣前，在廣州街市書攤熱銷。

不只馮鵬年提到的廣州街市如此，廖作琦紀聞中的南京也有相同情況。廖作琦在《傳記文學》〈渝郡金陵憶見聞〉一文中，提到民國三十七、八年間南京城中謠言四起，人心惶惶，《推背圖》到處可買的景況，其記：

> 三十七年十一月，當徐州戰事進入緊張階段時，偏在這時候發生了三件事件，謠言不脛而走。……由於以上這些變異與人事牽扯在一起，南京城內人心惶惶，市面上明代劉伯溫的〈燒餅歌〉、唐代李淳風及袁天罡的《推背圖》等那些「圖讖」之類書籍，到處可買，改朝換代的預兆似乎就在目前。〔註182〕

出版社，1992年），頁395。
〔註181〕馮鵬年：《瑪拉寇斯‧生命》www.malacors.org/html/malacorsbook1.htm，上網日期：2010年11月1日。
〔註182〕廖作琦：〈渝郡金陵憶見聞〉，《傳記文學》總號數第470（2001年7月），頁125。

由是可見，「圖讖」之類預言書籍，自古以來即影響深遠，特別是在改朝換代之際，確有影響民心向背，當然對於政治情勢轉變，亦有推波助瀾效果。

　　劉剛在《孫中山與臨時大總統府》一書，從歷史傳記角度介紹孫中山就任民國大總統的原因，以及他就任總統後所做的貢獻，直到最後讓位給袁世凱的人生經歷。書中充滿了對偉人孫中山的敬仰之情。劉剛乃南京中國近代史遺址博物館（臨時大總統府舊址）展覽研究部部長，其書中也有專篇〈笑言《推背圖》〉，其記：

　　　　這日天氣很好，孫中山站在總統府西花園內不系舟上，觀看水底的游魚，遠遠看見陶德琨也在一旁踱步。……孫中山微笑著對他說「半凶還半吉，現在我總算弄明白了。」

　　　　原來孫中山早年客居倫敦時，經過康德黎介紹，在友人曼根氏家中看見過一本金聖嘆手批的《中國先哲之預言》，內有周朝呂公望的〈萬年歌〉，蜀漢時諸葛亮的〈馬前課〉，唐朝袁天罡、李淳風兩人的《推背圖》，宋朝邵康節的〈梅花詩〉，及明朝劉伯溫的〈燒餅歌〉等。此書原是滿清大內藏本，英法聯軍火燒圓明園時，被外人搶去。

　　　　在《推背圖》中有一幅圖畫，畫下有四言詩和五言詩各一首。圖上畫的是一片洪水，上面漂著一個貧苦災黎的人頭。可以釋為：「黎」、「元」、「洪」三字。四言詩是：「漢水茫茫，不統繼統；南北不分，和中與共」。一、三、四句易解，第二句或許是指，「不用宣統，而繼之以總統」。五言詩是：「清水終有竭，倒戈逢八月；海內竟無王，半凶還半吉」。前三句是指清朝將滅，八月間有人倒戈，民國自然不再有稱王的。但直到袁世凱繼位，「半凶還半吉」方才有解。〔註183〕

劉剛此段文字主要依據陶德琨遺稿，其原稿現藏於武昌辛亥革命紀念館。陶氏在南京總統府陪侍孫中山期間，記下總統和幾位陪侍要員的談話，最後更直接了當地說：

　　　　先生解釋了圖畫和兩首詩後，認為數由前定，有了半個「凶」，還須有個半「吉」，於是先生就認定不得不讓位給袁世凱。

〔註183〕劉剛：《孫中山與臨時大總統府》（南京：南京出版社，2002年），頁102。

此條資料，雖出自陶德琨遺稿，但頗有可疑。畢竟，從孫總統口中說出「數由前定」並且還煞有其事向旁人解釋《推背圖》圖讖，以讓位給袁世凱，實難令人置信，且與孫中山科學背景相距太遠。雖說，《推背圖》與革命黨人關聯頗深，孫中山理當看過此書，但將孫中山與康德黎及曼根氏連結在一起，並在倫敦親睹金聖嘆手批的《中國先哲之預言》，未免太過牽強，並無其他相關史料可證，此說恐係陶氏杜撰之詞。否則，怎無同時代人士或記載提及此事？況且，金聖嘆手批《推背圖》眞僞前已詳析，陶德琨之言可信程度，不攻自破。反倒是，張永福《南洋與創立民國》一書中，記載孫中山先生在民國前七年（乙巳）至新加坡組織同盟會的事蹟，其充份展現的孫中山先生科學思想，恰可與陶德琨所記「孫中山看過《推背圖》並相信數由前定，而讓位給袁世凱」作一反證：

> 在從前的時候，大凡皇帝聖人出世，它們的家乘或是歷史，每每把天降祥瑞、麟吐玉書、種種怪異話來哄騙人家。這回揆先生同我們組織同盟會，那第一晚盟誓工作既經完畢，我們在樓下會客廳談話，約莫在九時半左右，屋外似乎有點巨風。那晚晴園的屋子內，驟然聽得很大繼續不斷的聲響，茶房雜役許多人呼喊起來。余同孫先生、李竹癡等幾個人也爲之驚訝，走出會客廳視察，原來是一群百多隻烏鴉，滿屋內不出聲的亂飛亂竄，把屋子內掛燈畫屏衝動亂攪，好似海翻地震一樣。差不多經過了半點鐘光景，那烏鴉碰得氣力疲了，乃漸漸分飛散去。孫先生同我們看了之後，大家莫名其妙。大家坐下靜默了一回，孫先生開口說：「那是不足爲怪的，當然外間要起颶風，這些烏鴉被大風驅逐，飛入屋內閃避大風的險，算不得是發生什麼怪異的徵兆。」我們聽了孫先生那有科學性的解釋，當然衷心佩服。〔註184〕

再者，我們也可從孫中山先生民國元年三月五日，親致蔡元培等的電稿中，瞭解當時讓位給袁世凱的原由，實出於大局情勢，而非《推背圖》圖讖所致，三月十一日公佈臨時約法，袁世凱繼任臨時總統。其電稿云：

> 至統一組織成，任袁公便宜定奪。文原主北京不可建立政府，正因在外人勢力範圍之中。今日本等紛進兵，尤非昔比。公等亦持苟且

〔註184〕章開沅等主編：《辛亥革命史資料新編》（第一卷）（武漢：湖北人民出版社，2006年），頁77。

之見，夫復何言！此時在北京組織，直自投羅網，甚（恐）將來爲
高麗、安南之續。惟文此時若再爭之，必致強拂眾論，而有所戀圖。
故文欲企十日內辦到解職，召示天下。仍望項城遠慮，不必囿北方
之見。〔註185〕

此外，從當年（1913）日本人的專訪中，可以明白孫中山之所以讓位袁世凱，
實出於大局安定著想，擔心軍隊渙散成爲大亂之源，而非陶德珉所言係受《推
背圖》影響，此在日本駐上海總領事有吉明專訪孫逸仙，並寄回日本稟報外
務大臣男爵加藤高明的文件中（大正 2 年 2 月 10 日收到·機密第 10 號·祕
受 0447 號），孫中山親口回應，其記：

> 本月二十九日下午，予造訪孫逸仙於英租借五馬路之鐵道局，與他
> 問答如下：
>
> 予問：……選舉大總統……由從來之經歷經過來看，眾望必定歸於
> 　　　足下，當選無可疑問，您能否積極當此重任？
>
> 孫答：……總統選舉，予果真被舉否屬不可知，但予絕對不肯擔任
> 　　　總統……
>
> 予問：若足下不欲當之，勢必至推黃興君，不知黃君有否此意？
>
> 孫微笑曰：黃亦可也，然而當選總統實爲難事。
>
> 予曰：足下和黃君都不願當，國民黨中別無適才，如不得已，至於
> 　　　再選袁世凱歟？
>
> 孫曰：予個人相信，袁爲最穩妥之人物，因此第一期總統，以舉渠
> 　　　爲得策。若袁落選，軍隊之統馭變得困難，恐至於成爲大亂
> 　　　之際。眼下排斥袁世凱，可說是不通吾國之事勢者所爲。
>
> 　　　　　　〔註186〕

唐德剛（1920～2009）《晚清七十年》，原是英文書寫的中國近代史的一個《導
論篇》，書中有一大段篇幅提到金聖嘆《推背圖》，並「據說」此係「唐版《推
背圖》」，其云：

> 《推背圖》這本怪書有圖像有讖語，據說是唐太宗貞觀（627～649）
> 年間李淳風與袁天罡合撰……自古以來的統治者禁書（包括秦始

〔註185〕黃彥、李伯新選編：《孫中山藏檔選編》（北京：中華書局，1986 年），頁
　　　　164。

〔註186〕張開沅等主編：《辛亥革命史資料新編》（第六卷）（武漢：湖北人民出版社，
　　　　2006 年），頁 332。

皇），都是只禁民間之書，真正的好書孤本絕版（如今日美國普林斯敦大學所保存的孤本殿版《金瓶梅》），大皇帝還是要密藏禁宮，自己去細細「御覽」的。

因此這冊唐版《推背圖》，便在宋、元、明三朝大內中倖存了，直至闖王犯闕，崇禎上吊之後，才又至宮中解禁出來。可是清初康、雍、乾三朝，文網甚嚴，文人多不敢犯禁。至「英法聯軍」（1860）和「八國聯軍」（1900）相續佔領北京，禁城文物國寶一再被洗劫之後，古本《推背圖》就和古本《金瓶梅》一樣，才飛入尋常百姓家。

至於本書被禁之後，和再度被複印，終於大量流入民間的詳細情形，當前兩岸目錄學家一時還難斷言。〔註187〕

唐德剛師承胡適，乃著名歷史學者，但對《推背圖》的神驗似乎並未質疑，雖自言「筆者自己，時自今日，仍然覺得是絕對不能相信的」，但觀其大篇幅引用金聖嘆《推背圖》圖讖，卻無駁斥之言，且言之鑿鑿證稱「唐版《推背圖》藏於宋元明三朝大內，崇禎之後始外流，英法聯軍及八國聯軍之後，古本《推背圖》和古本《金瓶梅》被洗劫流入民間」又云「縱遲至科學大昌明的今日，天下事還是有許多不可解的」，唐氏並引二位名人相信「靈魂之說」，以及自己童年「扶乩作詩」至今不解經驗，恐怕對於《推背圖》之說，雖云不信，實則默認矣。

澳洲弘力《推背圖天機與剖析中國命運諸預言》一書，曾引述讀者早年在日本早稻田大學圖書館見過古本《推背圖》，此節鮮少為人所知。〔註188〕李世瑜在《寶卷論集》前言中提及，計畫將手邊抄本《推背圖》等寶卷進行研究，則是從研究宗教角度，探究。

寶卷學方興未艾，我今後的打算首先是就我手邊有的抄本前期寶卷進行研究，它們是《定劫寶卷》、《白花玉篆》、《普明禪師牧牛圖》、《東明曆》、《推背圖》。再以《湧幢小品》所載 88 種不叫寶卷的寶卷為線索，按圖索驥，繼續搜尋，我想是會有結果的。〔註189〕

〔註187〕唐德剛：《晚清七十年》（貳：太平天國）（臺北：遠流出版公司，1988 年），頁 64～65。

〔註188〕弘力：《推背圖天機與剖析中國命運諸預言》（澳洲：新樂國際出版社，1995年），頁 190。

〔註189〕李世瑜：《寶卷論集》（臺北：蘭台網路，2007 年），頁 1。

陳毓羆〈《紅樓夢》與民間信仰——讀甲戌本札記〉一文中明確指出：

> 《紅樓夢》第五回寫賈寶玉夢入太虛幻境，看了薄命司中的十二金釵冊子，有正冊、副冊及又副冊。當他看到有一張圖，畫著一張弓，弓上掛一香櫞，也有一首歌詞云：「二十年來辨是非，榴花開處照宮闈。三春爭及初春景，虎兔相逢大夢歸。」這段正文上甲戌本有一眉批云：「世之好事者，爭傳《推背圖》之說。想前人斷不肯煽惑愚迷。即有此說，亦非常人供談之物。此回悉借其法，為兒女子數運之機，無可以供茶酒之物，亦無干涉政事，真夢想奇筆！」脂評作者明確指出曹雪芹在此回利用了《推背圖》的形式，有圖有詩，形同讖語，預示了十二金釵及幾個丫環的各自命運及歸宿。他的構思及其手法在小說之中是富有創造性的。

> 《推背圖》是古代的圖讖之書，預言國家政事之興衰變替，相傳為唐代李淳風所作。有六十象，恰合天干地支的六十甲子之數。每一象都有圖，圖下有三言、四言或雜言的四句讖語，還有五言、六言或七言的四句詩，名之曰「頌」，充分利用了諧音、轉義、雙關、暗喻、測字、商謎等等手法來作出有關政事的預言。宋、元、明、清，官方大都把它作為妖書圖讖來禁止刊行、出售、傳抄、擁有及流傳，查獲出違犯者，要治以重罪，這是因為歷代一些有志圖王者及農民往往利用此書的預言，為自己的取而代之和造反製造輿論。然而屢禁不絕，一直在民間暗中流傳。曹雪芹應是看到過這本書的，而且還作過一番考察，否則不會如此熟悉其形式與手法，並能在《紅樓夢》中有創造性的運用。這是毫無疑問的。〔註190〕

從以上相關資料可知，即便歷代朝廷不斷的查禁《推背圖》，但由於民間仍流傳著《推背圖》的預言非常準確，因此，《推背圖》繼續在民間私下盛行，即便是民國肇建，民智漸開，因遭逢國難日寇侵華，爭睹《推背圖》預言國運及抗日勝負，竟蔚為風潮。乃至科學昌明、教育普及的今日，卻因兩岸政治氛圍，好事者討論《推背圖》預言熱潮仍歷久不衰。甚至 2007 年香港無線翡翠台電視劇「天機算」、大陸中央電視台劇集「張學良」，相繼透過現代影視文本方式，重新詮釋《推背圖》，更加吸引廣大影視群眾接觸《推

〔註190〕陳毓羆：〈《紅樓夢》與民間信仰——讀甲戌本札記〉，《紅樓夢學刊》第 1 輯（1995 年），頁 129～130。

背圖》。

　　拜現代網路科技無遠弗屆之賜，以及傳播媒體的推波助瀾，《推背圖》盛名達到前所未有高峯，此從 Google 搜尋引擎檢索關鍵字「推背圖」，就列有1,200 萬筆資料，〔註191〕即可佐證。惟網路資訊大多以訛傳訛，益失其原來樣貌，且多乏嚴謹學術論述，殊為可惜，故而本研究希冀從跨領域學門，針對《推背圖》由不同學術角度探析，綜整各家說法，包括「歷史學」、「文學」、「哲學」、「心理學」、「預測學」、「版本學」、「傳播學」乃至「文化研究」，揭開《推背圖》神秘面紗，還其本來面目，並對前人研究及說法訛誤之處，透過嚴謹考證分析，提出有力資料佐證批駁，並進而論述《推背圖》的藝文特質及影響。

〔註191〕Google 檢索《推背圖》資料，上網日期：2012 年 12 月 30 日。

第六章 《推背圖》文藝特點與影響

　　《推背圖》文藝影響深遠，不止歷代正史、筆記屢屢述及，後人更在戲曲、小說表現手法上，常借《推背圖》圖讖隱語、預言讖文形式，以鋪陳推斷世事演變之由。民國初年「國故學」論戰中，也曾被提出討論其書究屬國學與否；更在抗日戰爭時，激發民族抗日的情緒，同時也在魯迅、蔡東藩等諸多名家的作品中一再被提及。

　　《推背圖》的預言，暫且不論是否靈驗，但其反清、抗日時期所激起的民族主義以及寄希望於未來的預期心理，對於大眾確有強大催化效果。前人云：「雖小道，必有可觀焉。」《推背圖》文藝特點與影響，前人論述並不多見，然則姑且不論詩讖靈驗與否，《推背圖》的的確確屢見於後人的文學作品之中，從文學角度觀之，確實值得提出探討。

　　《推背圖》在歷代流傳中，雖然有不同版本傳世，但仍不脫圖讖並存，且以七言或五言詩形式呈現，雖非意境高遠，但遣詞用典，創作者文人背景顯然易見。其語文特色，既屬讖文，亦為隱語，一字一辭一句皆可作不同解釋或詮釋，充分展現中國文字的多義性及創造性。《國語‧晉語》中記載：「有秦客廋詞於朝，大夫莫之能對。」所謂「廋語」，即今天之謎語也。《齊東野語》：「古之所謂廋詞，即今之隱語，而俗所謂謎，《玉篇》『謎』字釋云：『隱也』。」而「隱語」即古之「讔語」，此在劉勰《文心雕龍》專著中有專篇〈諧讔第十五〉介紹。由是觀之，《推背圖》詩讖之隱語形式，實可視為中國文學淵遠流長的「寓意」表現形式。

　　再者，《推背圖》的預知世事形式也啟發後世文學創作，甚多引用《推背圖》以推斷事務演變之由，如《水滸傳》、《六十種曲‧雙烈記》、陸圻《讖言‧

南都蟒蛇倉〉、脂硯齋甲戌本眉批《石頭記》、吳趼人《新石頭記》、丘逢甲〈用前韻賦答人境盧主見和之作〉、魯迅〈推背圖〉、茅盾〈故鄉雜記〉、姚雪垠《李自成》等。

　　本章主要探討《推背圖》文藝特點與影響，針對《推背圖》讖語的隱語特質，分析其文藝特點，並且例舉後世受其影響的作家及文學作品，從其文字本質探討《推背圖》，跳脫一般「怪力亂神」、「穿鑿附會」、「眾說紛紜」的泥淖。

第一節　　《推背圖》的文藝特點

　　《推背圖》在歷代流傳中，雖然有不同版本傳世，蓋多為晚出者將之前版本內容予以刪節較不重要圖讖而添加晚近已發生史實圖讖，以神其驗。但總而觀之，其形式仍不脫圖讖並存，且以七言或五言詩形式呈現，雖非意境高遠，但字裡行間遣詞用典，改作者文人背景顯然易見。其語文特色，既屬讖文，亦為隱語，一字一句皆可作不同解釋或詮釋，充分展現中國文字的多義性，迥異於西方拼音文字。每象詩讖從字句字形的拆解、重組，乃至同音異字轉化等，都可得到不同的意義產生，充分展現了中國文字「象形、指事、會意、形聲、轉注、假借」六義特質。換言之，從《推背圖》圖讖內容觀之，文人的改作痕跡明顯，此在本研究前文已有諸多討論，本節不再著墨；但從另一角度而言，也正由於歷代文人不斷參與改作《推背圖》，讓《推背圖》的文藝價值提升不少，在《推背圖》流傳的過程中，也不斷影響後代文人的文藝創作，此在下節亦會詳予討論。

　　眾所周知，《推背圖》讖文隱晦不明，語文特色，既屬讖文，亦為隱語。而「隱語」即古之「讔語」，此在劉勰《文心雕龍》專著中有專篇〈諧讔第十五〉介紹。〈諧讔〉是劉勰在《文心雕龍》中體論中「論文」部分的最後一篇。該篇遵循〈序志〉所訂立的論述綱領：即「原始以表末，釋名以章義、選文以定篇、敷理以舉統」的原則，針對「諧」和「讔」等兩種相類的文學體裁，依次說明它們在文類定義上的概念範疇，以及在文學史上的源流、發展和演變，並從歷代具體的諧讔作品中，歸納整理出〈諧讔〉體論的創作規律、審美效應和文學的目的與功能等。

　　在〈諧讔〉專篇中，就劉勰的分析，諧、讔本是兩個不同的概念。諧是「諧之言皆也，辭淺會俗，皆悅笑也」，諧字由言和皆字所構成，意即「諧」

作為一種文學體裁，其文體特徵是：文辭通俗淺顯，明白易懂，可以博得人們愉悅欣笑。讔是「讔者，隱也；遁辭以隱意，譎譬以指事也」，主要是委婉的藉此喻彼，諧讔兩者彼此合作，形成一種幽默風趣，卻又蘊含深意的文體，說明「讔」作為一種文學體裁，其文體特徵為：措辭要刻意迂迴掩蓋真意，譬喻要巧妙詭譎暗指事理，讓人必須在閱讀時推敲思考，才能體會出隱於其中的弦外之音。這種深意源自古代知識份子的諷諫，有其積極價值：

> 昔齊宣酣樂，而淳于說甘酒；楚襄讌集，而宋玉賦好色。意在微諷，有足觀者。及優孟之諷漆城，優旃之諫葬馬，並譎辭飾說，抑止昏暴。是以子長編史，列傳滑稽，以其辭雖傾回，意歸義正也。……
>
> 夫觀古之為隱，理周要務，豈為童稚之戲謔，搏髀而忭笑哉。〔註1〕

劉勰引用了這些優諫的歷史，說明戲謔可以上承《史記》的傳統。事實上，他在文章開頭就已提過，諧讔「苟可箴戒，載於禮典，故知諧辭讔言，亦無棄矣」，這是把這種文體與聖人經典聯繫起來，如此賦予了諧讔文一種經典的權威性。但劉勰同時也指出，諷諫文學倘若僅止於賣弄諧趣戲謔、無益針砭之用，則不足取。換言之，「劉勰對於諧讔的要求，重在箴戒，注意它的諷諫作用」，〔註2〕其總結〈諧讔〉云：

> 贊曰：古之嘲隱，振危釋憊。雖有絲麻，無棄菅蒯。會義適時，頗益諷誡。空戲滑稽，德音大壞。〔註3〕

由此觀之，「讖」和「讔」雖然是獨立而相異的文體，但彼此卻有著相似的修辭要領和文學目的。而今日探究《推背圖》的文藝特點，亦可由〈諧讔〉找到有力的支撐，畢竟《推背圖》隱晦不明的詩讖中，往往寓意著自唐以降的政局興衰，暫且不論是否為後人將已發生的史實編造成讖，或者真有神驗預示未來事務發展之象，其圖讖本質及特徵即屬「遁辭以隱意，譎譬以指事」；同樣的，〈諧讔〉專篇中劉勰的文論基本觀點概而言之，即為「苟可箴戒，載於禮典，故知諧辭讔言，亦無棄矣」、「隱語之用，被于紀傳。大者興治濟身，其次弼違曉惑」、「會義適時，頗益諷誡。空戲滑稽，德音大壞」，今人探究《推背圖》的文藝特點之際，亦可作如是觀。

〔註1〕　〔梁〕劉勰撰：《元刊本文心雕龍》（上海：古籍出版社，1993年），頁64～67。
〔註2〕　周振甫著：《文心雕龍今譯》（北京：中華書局，2000年），頁131。
〔註3〕　〔梁〕劉勰撰：《元刊本文心雕龍》（上海：古籍出版社，1993年），頁67。

　　《推背圖》的文藝特點除可藉由《文心雕龍·諧讔》專論中得到論述基礎，事實上，在晚出的版本之中，由於結合卦辭、《易》理的形式，藉助經典古籍的光環，也讓《推背圖》淡化不少迷信成份。據黃復山教授研究，民國元年刊本《推背圖說》有一開創特色，乃增列卦名、卦辭與按語，其乃摘取西漢焦延壽《易林》而成，賦《推背圖》以《易》理形貌，將其地位驟然提昇甚高。

　　本研究經比勘諸多版本，在民國元年刊本《推背圖說》之前，各式版本《推背圖》除圖讖不一外，並未見與《易》結合。在民國元年刊本《推背圖說》之前，各式《推背圖》鈔繪本除私下相傳在達官顯貴以及文人雅士之間，也一度成為民間祕密宗教之寶典，然細詳各式民國元年之前《推背圖》鈔繪本，可以發現共同特色，皆僅有圖讖並無卦名、卦辭與按語；但在民國元年刊本《推背圖說》之後，尤其是民國四年所出金聖嘆批註《推背圖》，也就是一般所謂坊本，更加入甚多成語用典，持平而論，文學價值雖提升不少；但也因為用典太多反露出後人刪修痕跡，文人改作斧鑿明顯。

　　由於今存《推背圖》版本眾多，不下十數種甚至數十種，由於篇幅有限難以一一列舉，故在諸多版本中，選擇較為世人所知的金聖嘆批註《推背圖》版本，也就是一般所謂坊本《推背圖》為例，舉其各象讖文，略析其文藝特點，從其語文特色分析，包括從讖文隱語意在言外、辭句解讀多義、用典成熟、《易》理加持等面向探討。

一、隱語寓意，饒富想像

　　坊本《推背圖》六十象中，充滿各種隱語寓意其中，所謂「言在此、意在彼」，讓人充滿各種想像與驚奇，誠如劉勰〈諧讔〉云：「君子嘲隱，化為謎語。謎也者，迴互其辭，使昏迷也。或體目文字、或圖象物品；纖巧以弄思、淺察以衒辭；義欲婉而正，辭欲隱而顯。」姑且不論是否為事後偽作，仔細推敲詩讖中隱語，意在言外，別有所指，也饒富文學趣味，猶如猜謎般令人拍案，〔註4〕也與嵌字詩有異曲同工之妙，充分利用了漢字字形上的「分合特色」，字形可以拆開分解，也可以合併，而成新義甚至創造新字，指涉史

〔註4〕　〔南朝宋〕劉義慶：《世說新語·捷悟門》有段精彩記載允為代表。其記：魏武嘗過曹娥碑下，楊脩從，碑背上見題作「黃絹幼婦，外孫齏臼」八字。……脩曰：「黃絹，色絲也，於字為絕。幼婦，少女也，於字為妙。外孫，女子也，於字為好。齏臼，受辛也，於字為辭。所謂『絕妙好辭』也。」

實。諸如：

第三象「日月當空，照臨下土。撲朔迷離，不文亦武」，所指即為預言武則天稱帝。日月當空，乃武后自造之新字「曌」，而武后自己取名武曌，照臨天下乃指武曌。

第五象「漁陽鼙鼓過潼關，此日君王幸劍山。木易若逢山下鬼，定於此處葬金環」所指即為楊玉環命喪馬嵬驛。木易，左右合為「楊」字也；山下鬼，上下合為「嵬」字也，充分運用中文象形文字可拆解重組的特性。

第十象「蕩蕩中原，莫禦八牛。泗水不滌，有血無頭。」「八牛」合為「朱」字，「泗水不滌，有血無頭」意指「溫」字。隱喻朱溫篡唐自立。

第十三象「百個雀兒水上飛，九十九個過山西。惟有一個踏破足，高棲獨自理毛衣。」意指五代郭威奪漢建立後周，郭威少賤，小名郭雀兒；以雀兒隱喻郭威，「言在此、意在彼」，讓人充滿各種想像與驚奇，也充分發揮中國文字「寓意」、「會意」的特色。

第二十二象「木菁大賴」木菁相合，即「構」字也，指宋高宗趙構。「一木會支二八月」乃指秦檜。「一木會支」，即「檜」字。「二八月」正是春半和秋半，春秋各半，上下組合為「秦」字，此讖寓意秦檜專權。

第二十四象「十一卜人小月終」，「趙」字拆解即成「十一卜人小月」，「『趙』終」意即「宋滅」，意指宋朝滅亡。

第二十五象「北帝南臣，一兀自立」，「一兀」上下合為「元」字，意指元朝統一中國。

第三十四象「太平又見血花飛」，喻太平天國作亂。「洪水滔天苗不秀、中原曾見夢全非」，猶如嵌字詩將「洪秀全」三字巧妙嵌入詩句之中。

二、一字一句，解讀多義

坊本《推背圖》六十象中，不僅充滿隱語寓意，也充分展現中國文字的多義性。換言之，各詩讖中每一字、一辭、一句，各家都可以有不同解讀，而且都可以對應史實解釋得過去。特別是第三十九象之後詩讖預言，一般認為蓋指民國以後國運，特別受到時人關注討論，每逢重大事件或大眾關心現象，都會引發熱烈的討論，針對《推背圖》同一詩讖，議者皆能言之鑿鑿，旁徵博引，有不同詮釋或解釋。諸如：

第三十九象「一朝聽得金雞叫，大海沉沉日已過。」

抗日期間一般相傳此讖即指日本侵華終敗之象，但據臺灣新莊地區耆老張福祿回憶，〔註5〕當年從上海取得《推背圖》，臺灣人民相信日本終敗，反倒是從第四十五象圖讖得到啓發「一幅兩個小孩手持長矛刺向一個大圓圈的圖畫」。兩個小孩意指大陸跟臺灣，大圓圈則喻日本。

由此，也可見各人對《推背圖》各象的解讀存有很大的差異，因時、因地，因人、因事的不同，而有不同詮釋或附會，但似乎也都言之有理。

第四十象「一口東來氣太驕，腳下無履首無毛。」

一謂係指日本軍人裝扮，從東而來的日軍，相較清末人士多仍蓄髮，剃光頭髮日本兵自是首無毛；一謂係指毛澤東、周恩來、蔣介石三人，上句點出毛澤東、周恩來名字與勝出之兆，下句則意喻蔣介石的外貌，倉皇敗走之象。

同樣一句讖文卻有完全不同解讀，充分顯示出《推背圖》詩讖以及文字的多義性，正如許地山所言「《推背圖》、〈燒餅歌〉一類的預言書，其中文句無論選擇哪一個時期的史實來解釋，都可以解釋得通底。」〔註6〕

三、句式雜沓不一，有讖有頌，尤喜用典，應出自文人之手

坊本《推背圖》本研究推論或係出自多人之手，也似與南社詩友徐珂、胡寄塵等人有關。總而言之，從坊本《推背圖》的詩讖內容觀之，出於文人之手自是無疑，但也看得出來，應係出版時間匆促，以致全書六十象詩文體例、句式雜沓不一，三言、四言、五言、六言、七言混雜。尤喜用典，惟部分辭語顯係晚清始見，反露出後人改作痕跡。諸如：

第二象「萬物土中生，二九先成實。一統定中原，陰盛陽先竭。」

是六十象中少數五言讖語，也與古本《推背圖》「江中鯉魚十八子」讖語以「魚」預示唐朝十八世不同，更值得注意的是，金聖嘆批註《推背圖》坊本尚有第十二象「反兆先多口，出入皆無主。繫鈴自解鈴，父亡子亦死。」、第二十八象「羽滿高飛日，爭妍有李花。眞龍游四海，方外是吾家。」、第三十三象「天長白瀑來，胡人氣不衰。藩籬多撤去，稚子半可哀。」、第三十七象「水清終有竭，倒戈逢八月。海內竟無王，半凶還半吉。」同屬五言詩，以及第三十六象「雙拳旋轉乾坤，海內無端不靖。母子不分先後，西望長安

〔註5〕尹章義：《台灣近代史論》（臺北：自立晚報社，1986年），頁53。
〔註6〕許地山：《扶乩迷信的研究》（臺北：臺灣商務印書館，1966年），頁118。

入觀。」屬六言詩，亦未見於其他古本七言句式，且多爲預言清朝以降詩讖，顯係清朝之後改寫之作。

同樣的，詩句長短不一的情況，也出現在坊本《推背圖》其他圖讖之中。諸如：

第十三象「漢水竭，雀高飛。飛來飛去何所止，高山不及城郭低。」

其讖忽焉三言，忽焉五言，句式雜沓，惟詩句不俗，且隱語暗指郭威奪漢白立，可見出自文人之筆。

第十四象「李樹得根芽，石榴漫放花。枯木逢春只一瞬，讓他天下競榮華。」

其讖忽焉五言，忽焉七言，句式雜沓，惟詩句不俗，隱語暗指柴榮，應係出自文人之手。

另外，值得注意的是，坊本《推背圖》，各象詩讖喜於用典，反露顯後代文人加工破綻。諸如：

第四象「威行青女實權奇，極目蕭條十八枝。」

「極目蕭條」用典應出於初唐詩人岑參〈山房即事〉詩中「極目蕭條三兩家」。金聖嘆批註《推背圖》坊本自言乃初唐李淳風與袁天綱所傳版本，按理各象詩讖文字用典應爲初唐以前，以免啓人疑竇，故此處出現不合常理。

第四十七象「偃文修武，紫薇星明。匹夫有責，一言爲君。」

考「匹夫有責」用典應始自清朝時人。查清章太炎《太炎文錄》卷三「余深有味其（顧炎武）言匹夫有責之說」，葉昌熾《奇觚廎文集》卷四「匹夫有責願以死濟」，尚秉和《辛壬春秋》卷四十七「國家興亡匹夫有責」。試問，金聖嘆批註《推背圖》坊本倘爲唐代所傳版本，詩讖文字何以出現清朝人物習用典故？

第五十六象「海疆萬里盡雲煙，上迄雲霄下及泉。金母木公工幻弄，干戈未接禍連天。」「海疆萬里」用典應出於晚清時人，在清朝之前，未見前人作品曾用「海疆萬里」一語。查清葛士濬《清經世文續篇》卷一百三「海疆萬里漢港紛繁（歧）」，[註7] 趙爾巽《清史稿》卷一五一「當沿海陸現未設之先，海疆萬里消息阻絕」，朱一新《佩弦齋詩文存》卷一「海疆萬里，一息不得解嚴，師老財匱」。同理，坊本《推背圖》倘爲唐代所傳版本，詩讖文字何以又再出現清朝用典？

〔註7〕〔清〕葛士濬：《清經世文續篇》卷一○三，頁2047、2054。

四、讖文形式以古體詩結合易辭卦象，增添文學詩意及易理權威

坊本《推背圖》凡六十象，即六十圖，各象均有卦象，並附二首詩（即所謂「讖」、「頌」），「讖」多為四言四句，間有三言或五言甚至三言、五言、七言，雜沓不齊（第五象、十三象、十四象）者。「頌」多為七言四句，間有五言者（第二象、十二象、二十八象、三十三象、三十七象）。【詳參附錄】

考坊本《推背圖》六十象讖頌詩句，對偶不拘，平仄和用韻也自由，似欲藉古體詩的形式呈現，而非近體詩對偶、平仄、押韻都有嚴格限制形式，傳達創作年代即為近體詩尚未完全發展成熟的初唐，而李淳風、袁天綱又是初唐名臣，讓信者以此連結，更加深信不疑《推背圖》確為初唐李淳風、袁天綱之作。再者，又依素來文學評價甚高的西漢焦延壽《易林》每卦象都配上卦辭，卦辭全部以四言詩寫成形式，結合「易辭卦象」，窮究「天人之理」，自第一象「甲子 ䷀ 乾下乾上　乾」讖曰：「茫茫天地，不知所止。日月循環，周而復始。」頌曰「自從盤古迄希夷，虎鬥龍爭事正奇。悟得循環真諦在，試於唐後論元機。」至第六十象「癸亥 ䷬ 坤下兌上　萃」讖曰：「一陰一陽，無終無始。終者自終，始者自始。」頌曰「茫茫天數此中求，世道興衰不自由。萬萬千千說不盡，不如推背去歸休。」皆乃意圖增添詩讖預言的文學詩意及《易》理權威性。

第二節　《推背圖》的文藝影響

《推背圖》流傳千年至今，不只是在朝野間引起諸多查禁與討論，也影響歷代文人以及文學作品。仔細研究之後可以發現，舉凡元曲、明清小說、現代小說、雜文、新詩等等文學創作，皆深受《推背圖》圖讖形式、風格影響。諸如：《六十種曲》、《水滸傳》、《紅樓夢》、《西遊記》，近人魯迅《魯迅全集》、茅盾《故鄉雜記》、蔡東藩小說《五代史演義》及《宋史演義》、姚雪垠小說《李自成》、葉維廉詩作〈致我們的子孫們〉等等，不論是直接引用《推背圖》並提及對世人的影響，或者在創作中借鑒了《推背圖》以圖讖預示後事演變之由的方式，或者藉題發揮反諷，皆可見《推背圖》從古至今對藝文的影響，有其不可磨滅的價值，而這也是歷來文史研究者較為忽略之處，前人往往將《推背圖》視作荒誕不經之流，輕鄙之而未予深究。

二十世紀二〇年代，經由胡適提倡，整理國故運動一度風行，「國學」成

為一個受到廣泛討論與關注，同時也是充滿歧異並且使人困惑的議題，《推背圖》在當時也曾經被激烈討論，是否列入「國學」之林。胡適指出：「『國故』這兩字，是章太炎先生提出來的，比從前用的『國粹』好多了；其意義，即中國過去的歷史、文化史，包括一切。」此見章太炎 1906 年〈國學講習會序〉「夫國學者，國家所以成立之泉源也。」胡適又說：「『國學』在我們的心眼裏，只是『國故學』的縮寫。中國的一切過去的文化歷史，都是我們的『國故』；研究這一切過去的歷史文化的學問，就是『國故學』，省稱為『國學』。」所以，胡適曾針對中國古籍及學術思想進行了批評與檢討，提出『研究問題、輸入學理、整理國故、再造文明』的主張，他說：「我們對於舊有的學術思想，積極的只有一個主張，就是『整理國故』。整理就是從亂七八糟裡面尋出一個條理脈絡來；從無頭無腦裡面尋出一個前因後果來；從胡說謬解裡面尋出一個真意義來；從武斷迷信裡面尋出一個真價值來。」〔註8〕北大教授李中華也指出「至於『國學』一詞的涵義，當時也有許多辯論……當年的辯論中就涉及到《推背圖》與《太極圖》這兩種中國傳統中的東西，是否屬於『國學』的爭論。」〔註9〕

《推背圖》自古以來除被歸為圖讖禁書之流外，民間文學的話本、戲曲中亦可見其身影。毛晉《六十種曲》明刻本，第一百卷〈雙烈記上·第五齣 妄尊〉，淨扮方臘有段科白：

> 宋室當亡我國興，鼓笳百里列軍營，鞭梢指處風雷捲，齊晉燕秦一踏平。自家清溪聖公方臘是也，《推背圖讖》云：「十千家一點，冬盡始稱尊。」分明上應天書，道咱有天子福分，如今果然占據睦州，甲兵百萬。〔註10〕

由此條材料，我們可以發現，明末著名藏書家毛晉的戲曲精選刻本《六十種曲·雙烈記》中，直接將《推背圖讖》融入戲曲創作之中，足見不僅《雙烈記》為當時流行的劇目而被收錄，《推背圖讖》亦影響民間文學深遠，呈現在戲曲之中廣為流傳。

中國四大小說《三國演義》、《西遊記》、《水滸傳》、《紅樓夢》，除《三國

〔註 8〕 胡適：〈新思潮的意義〉，《胡適文存》第 1 集（合肥：黃山書社，1996 年），頁 532～533。

〔註 9〕 李中華：〈對「國學熱」的透視與反思〉，《理論視野月刊》第 1 期（2007 年），頁 27。

〔註10〕 〔明〕毛晉：《六十種曲》（臺北：臺灣開明書局，1970 年），頁 14。

演義》歷史背景爲漢末三國時代，早於《推背圖》產生年代而無甚關聯外，其他三大名著的文學藝術及創作技巧，皆與《推背圖》圖讖及預言詩形式，頗多暗合之處，甚至相關情節、人物也明列其中。

《水滸傳》不只在第一回〈張天師祈禳瘟疫・洪太尉誤走妖魔〉就已運用讖語「遇洪而開」鋪陳故事，更直接了當就在小說情節中提到了《推背圖》，時人視爲天書，謀反者藉此強化其「上應天命」的正當性。明刻本《水滸傳》，第一百一十回〈燕青秋林渡射鴈・宋江東京城獻俘〉中，有段關於方臘的描述：

> 卻說這江南方臘，造反已久，積漸而成，不想弄到許大事業。此人原是歙州山中樵夫。因去溪邊淨手，水中照見自己頭戴平天冠，身穿袞龍袍。以此向人說自家有天子福分。……方臘自爲國主，獨霸一方，非同小可。原來方臘上應天書，《推背圖》上道：「自是十千加一點，冬盡始稱尊。縱橫過浙水，顯跡在吳興。」那十千乃万也，頭加一點，乃方字也。冬盡乃臘也。稱尊者，乃南面爲君也。正應方臘二字，占據江南八郡，隔著長江天塹，又比淮西差多少來去。〔註11〕

《水滸傳》作者及版本歷來尚無定論，但一般認爲只有一百回本可能是《水滸》故事成型定書的最早本子，也最接近傳說故事的版本。一百二十回本則是在一百回本基礎上再增添征田虎、征王慶的情節；而通俗小說往往就通過說書人或民間藝人以戲曲曲藝的形式，成爲了常民百姓的文化生活。其中虛構的人物或者虛構的故事情節，變成了老百姓口耳相傳的歷史故事，《推背圖》讖文預言亦復如此。萬晴川〈明清小說與民間祕密宗教及幫會之關係論綱〉云：

> 明清時期，民間祕密宗教和幫會發展迅猛，教派林立，難以統計。……由於古代通俗小說與民間宗教處在同一文化層面，因此，它不可能不受到民間宗教的浸潤，反之，祕密教派和幫會又從通俗文學中吸取思想……《水滸傳》中的方臘原是歙州山中樵夫，因去溪邊淨手，水中照見自己頭戴平天冠，身穿袞龍袍。以此向人說自家有天子福分。……在民間祕密宗教的教義、儀式和活動中，存在著大量的巫術和術數……把《八卦說》、《推背圖》、《五女傳道》、《萬法歸宗》

〔註11〕〔明〕施耐庵：《水滸傳》（上海：上海古籍出版社，2004年），頁942。

之類的術數書，作爲經卷來誦讀。〔註12〕

萬晴川認爲，古代通俗小說屬於中下階層之流，而《推背圖》讖文預言強調天命之說，又可吻合通俗小說之情節建構之需，故而互爲影響，《水滸傳》讖文預言方臘人物即是一例，並且除了通俗小說引入《推背圖》圖讖情節外，在明、清秘密宗教活動中，也把《推背圖》視作寶典經卷誦讀。

至於《紅樓夢》作者曹雪芹是否受到《推背圖》的影響，而呈現在作品創作之中，自來「紅學」研究者多持相近看法。胡適所收藏《脂硯齋評石頭記》（甲戌本）一書中，眉批亦曾提及《推背圖》對曹雪芹創作的影響。在《紅樓夢》第五回寶玉看正冊處，甲戌本眉批：

> 世之好事者爭傳《推背圖》之說，想前人斷不肯煽惑愚迷，即有此
> 說，亦非常人供談之物。此回悉借其法，爲兒女子數運之機，無可
> 以供茶酒之物，亦無干涉政事，眞奇想奇筆。

此條材料寶玉與警幻仙子的對話及情境，藉由翻看《金陵十二釵正冊》預先鋪陳紅樓夢眾女子命運，其手法恰如脂硯齋眉批所言「悉借其法」。紅學研究者亦多據此條，認爲曹雪芹創作《紅樓夢》深受《推背圖》圖讖形式影響，如陳毓羆、光之、李祝喜、崔邁農等。

陳毓羆〈《紅樓夢》與民間信仰——讀甲戌本札記〉一文中明確指出，《紅樓夢》深受《推背圖》，並據脂硯齋眉批所言，認爲曹雪芹應該看過《推背圖》，並且作過一番考察。其云：

> 《紅樓夢》第五回寫賈寶玉夢入太虛幻境……這段正文上甲戌本有
> 一眉批云：「世之好事者，爭傳《推背圖》之說。想前人斷不肯煽惑
> 愚迷。即有此說，亦非常人供談之物。此回悉借其法，爲兒女子數
> 運之機，無可以供茶酒之物，亦無干涉政事，眞奇想奇筆！」脂評
> 作者明確指出曹雪芹在此回利用了《推背圖》的形式，有圖有詩，
> 形同讖語，預示了十二金釵及幾個丫環的各自命運及歸宿。他的構
> 思及其手法在小說之中是富有創造性的。

> 《推背圖》……相傳爲唐代李淳風所作。……曹雪芹應是看到過這
> 本書的，而且還作過一番考察，否則不會如此熟悉其形式與手法，
> 並能在《紅樓夢》中有創造性的運用。這是毫無疑問的。〔註13〕

〔註12〕萬晴川：〈明清小說與民間祕密宗教及幫會之關係論網〉，《江西師範大學學報》第 38 卷第 5 期（2005 年 9 月），頁 71～72。

〔註13〕陳毓羆，〈《紅樓夢》與民間信仰——讀甲戌本札記〉，《紅樓夢學刊》第 1 輯

光之〈十二釵判詞與《推背圖》〉云：

> 從形式看，應該説《紅樓夢》第五回是模仿了《推背圖》的方法
> 的。……和《推背圖》不同的是，寶玉夢中圖冊不是講的社會變革
> 之大事，只是暗示出了人物的名字，寫出了人物性格和遭遇。……
> 實際上從《推背圖》第一象讖詞的「茫茫天地，不知所止。日月循
> 環，周而復始。」以及第六十象讖詞的「一陰一陽，無終無始。終
> 者自終，始者自始。」這些話，又不難從《紅樓夢》中找到某種共
> 同點。〔註14〕

李祝喜〈論《紅樓夢》的荒誕敘事〉云：

> 讖語在小説中的運用，雖非《紅樓夢》的原創，但《紅樓夢》的讖
> 語敘事，無論是數量還是質量，都達到了其他小説都難以逾越的高
> 度。其形式多樣，有詩讖、畫讖、令讖、迷讖、戲讖和夢讖等。集
> 中體現在第五回，貫寶玉夢遊太虛幻境，看到金陵十二釵人物冊子
> 判詞和聽到的《紅樓夢》十二支曲。……第五回，瞥見仙子引寶玉
> 瀏覽十二釵簿冊，每位女子的冊子除詩文外都配有一幅圖畫，這明
> 顯是對唐代《推背圖》的模仿和改造。〔註15〕

從形式上觀之，《推背圖》的圖讖特色與《紅樓夢》十二金釵圖冊及讖語形式，
確有某種程度關連性。惟本研究認為，陳毓羆推論「曹雪芹應是看到過這本書
的，而且還作過一番考察，否則不會如此熟悉其形式與手法，並能在《紅樓
夢》中有創造性的運用。」以及李祝喜認為「第五回，瞥見仙子引寶玉瀏覽十
二釵簿冊，每位女子的冊子除詩文外都配有一幅圖畫，這明顯是對唐代《推
背圖》的模仿和改造。」二人之見恐失武斷，證據薄弱，充其量只能説是研究
者個人之觀點，畢竟曹雪芹是否真對《推背圖》作過一番考察，或者直指模
仿唐代《推背圖》，皆無確證。況且，晚近紅學研究中，對於胡適所收藏《脂硯
齋評石頭記》（甲戌本）為最早清朝孤本真實性，已開始有學者提出質疑。

　　近年來引發紅學研究震撼的歐陽健，在《還原脂硯齋》書中，提出種種
有力證據認為胡適所收藏《脂硯齋評石頭記》（甲戌本）並非最早古本，而係
民國時人偽作。但是，歐陽健雖然質疑《脂硯齋評石頭記》乃民國偽作，言

（1995 年），頁 129～130。

〔註14〕光之，〈十二釵判詞與推背圖〉，《紅樓夢學刊》第 1 期（1992），頁 340～341。

〔註15〕李祝喜，〈論《紅樓夢》的荒誕敘事〉，《咸陽師範學院學報》第 20 卷第 5 期
（2005 年 10 月），頁 40～41。

語之間，對於《推背圖》之於《紅樓夢》的影響，並未重語批判甲戌本之眉批，亦僅一語帶過《推背圖》「相傳」爲唐代所作。其曰：

> 《推背圖》相傳爲唐代李淳風與袁天綱所作圖讖，以預言未來之變革。脂硯齋一方面謂此乃「煽惑愚迷」之舉，另一方面又說「此回悉借其法，爲兒女子數運之機」，可見他是知道判詞在結構上的作用的。〔註16〕

另外，《西遊記》書中記載了唐太宗的一段軼事，也與袁天綱有所關聯。此段情節雖非眞實史事且袁天綱官職有誤，但透過作家吳承恩活靈活現的描述，彰顯了袁天綱在民間的「精於易卜」形象與地位，而「命皆前定」的文化氛圍也深深烙印在傳統的民間文學中。

在明朝吳承恩筆下，涇河龍王只因起了爭鬥心與袁天綱的叔父袁守誠以下雨的點數賭鬥，違了玉帝敕旨，觸犯天條，遭致殺頭之禍。魏徵奉命應斬龍頭，因此龍王托夢給唐太宗，希望太宗能讓魏徵手下留情。太宗於是召喚魏徵下棋，希讓龍王躲過此劫。但天數早定，難能改變，終究魏徵夢斬龍王。第九回〈老龍王拙計犯天條・魏丞相遺書託冥吏〉其記：

> 龍王依奏，遂棄寶劍，也不興雲雨，出岸上，搖身一變，變作一個白衣秀士。眞個：豐姿英偉，聲壑昂霄。步履端祥，循規蹈矩。語言遵孔孟，禮貌體周文。身穿玉色羅襕服，頭戴逍遙一字巾。
>
> 上路來拽開雲步，徑到長安城西門大街上。只見一簇人擠擠雜雜，鬧鬧哄哄，内有高談闊論……龍王聞言，情知是那賣卜之處。……招牌有字書名姓，神課先生袁守誠。此人是誰？原來是當朝欽天監臺正先生袁天罡（綱）的叔父，袁守誠是也。〔註17〕

丘逢甲詩作經常援引中國預言書，〔註18〕亦曾將《推背圖》融入其中，在感懷時局之際，詩作末句，即以《推背圖》入詩，期盼國家分崩離析之後，終將恢復一統之局，藉此與前輩黃遵憲（人境盧主）唱和。丘逢甲〈用前韻賦

〔註16〕歐陽健，《還原脂硯齋》（哈爾濱：黑龍江教育出版社，2003 年），頁 302～303。

〔註17〕〔明〕吳承恩：《西遊記》（臺北：三民書局，1992 年），頁 78～79。

〔註18〕例如：〈己亥秋感八首〉之一云：「遺惻爭京黃蘖禪，荒唐說餅更青田。載鰲豈應邊都兆？逐鹿休訛厄運年。心痛上陽眞畫地，眼驚太白果經天。只愁識緯非虛語，落日西風意惘然。」梁啓超讚其詩作「蓋以民間流行最俗最不經之語入詩，而能雅馴溫厚乃爾，得不謂詩界革命一鉅子耶？」

答人境盧主見和之作〉云：

> 百二河山未定都，金鰲戴主識原誣。日迴舊馭長安遠，月送殘更太
> 白孤。鈞黨重翻十常侍，璽書新欵五單于。群公休守偏安局，推背
> 猶存一統圖。〔註19〕

魯迅在一九三三年至一九三四年間相距僅十三個月，就四度在發表的雜文中提及《推背圖》，包括化名何家干的〈推背圖〉、化名虞明〈詩和豫言〉、化名倪朔爾的〈運命〉及化名公汗的〈偶感〉，分別收錄於《且介亭雜文》、《花邊文學》、《淮風月談》專書中。在魯迅的作品中同一本書，四度被提及是非常罕見的現象，特別是魯迅醫學背景以及破除迷信的形象深植人心，雖然可能抗日期間《推背圖》盛行緣故，雖然魯迅亦未明白指出其與《推背圖》的關連，但是，由於魯迅留學日本的背景，其時正逢留日革命黨人藉《推背圖說》反清，由是觀之，很有可能魯迅在日本即已接觸《推背圖》，並且留下深刻印象，故而在作品中一再提及《推背圖》。茅盾在《故鄉雜記》首篇文章〈第一封信〉中，也以非常大之篇幅，記述作者在一九三二年回鄉旅途中，所親見親歷之人、事、地、物，以及自已與同車旅客原本互不認識，卻因手中一本《推背圖》而有了共通話題，並且引發的熱烈討論，對當時「一二八」戰爭以及《推背圖》預言，在鄉鎮各階層人民中所引起的廣大反應，都有清晰的描述。

抗日時期《推背圖》的流傳遍及中國，甚至偏遠華北鄉間也不例外。我們可從趙樹理於抗日期間，在中共華北抗日根據地的一段談話史實，可以瞭解當年《推背圖》在華北流傳的情況。從另一個角度解讀，抗日期間政府當局未予嚴格禁止《推背圖》，似乎默許《推背圖》的流傳，藉以某種程度達到「抗日必勝」的政治宣傳和政治動員的目的。一九四二年一月在共軍太行根據地，討論華北文化建設座談會上，趙樹理捧著一堆從鄉下蒐集來的《秦雪梅吊孝唱本》、《洞房歸山》、《麻衣神相》、《推背圖》等通俗讀物，對與會者說：「這才是在群眾中佔壓倒優勢的『華北文化』！其所以是壓倒，是因爲它深入普遍，無孔不入，俯拾即是，而且思想已深入人心。」並大聲疾呼要求文藝通俗化，基於這種認識，趙樹理做出了「五四以來的新小說和新詩一樣在農村中根本沒有培活」的基本判斷。〔註20〕

〔註19〕丘逢甲：《嶺雲海日樓詩鈔》（臺北：文海出版社，1970 年），卷七，頁 356。
〔註20〕萬國慶：〈試論趙樹理的文學價值理念體系〉，《喀什師範學院學報》（2005 年 9 月），頁 53。

　　清末蔡東藩從一九一六年開始，到一九二六年為止，用十年的心血，以豐富的學識和驚人的毅力完成了前漢、後漢、兩晉、南北朝、唐史、五代史、宋史、元史、明史、清史、民國共十一部歷史通俗演義，合稱《歷朝通俗演義》，其中《唐史演義》、《宋史演義》、《五代史演義》等小說中多次出現《推背圖》圖讖預言，並且融合小說情節之中，將歷史小說創作及技巧推向高峰，在抗日時期乃至國共戰爭皆傳誦一時，甚至毛澤東對蔡東藩《歷朝通俗演義》亦多所稱賞，而蔡東藩所運用的技巧，正是中國傳統小說常見的以預言圖讖為後續情節人物發展預為鋪陳的手法，《水滸傳》、《紅樓夢》、《西遊記》等亦不例外，可見《推背圖》影響歷代小說創作之深。

　　姚雪垠（1910～1999）在其代表作，長篇歷史小說《李自成》中有相當大篇幅提到《推背圖》，以小說技巧及方式融入部分史實以及歷史人物，並揉合全知寫作觀點，將書中人物心態寫來絲絲入扣，頗為生動。其載：

〈第十七章〉

　　當半年前到太原送朋友袁潛齋的靈柩回江南時，這位亡友的妻子取出一個用綢子包著的、一直珍藏在箱子中不讓人見的古抄本《推背圖》殘本，說是潛齋臨死前特意囑咐留交給他，不可隨便洩露天機。從紙料看來，可以斷定是五代或北宋初年抄本。宋獻策對於袁天綱和李淳風是十分信仰的，遺憾的是多年來他游歷各地，遍訪江湖異人，想找一部古本《推背圖》而杳不可得。

　　原來這《推背圖》是偽託袁天綱和李淳風共同編寫的預言書，每頁有圖，有詩，意思在可解不可解之間。據說當編完第六十圖時，袁推推李的脊背說「可以止了」，所以書名就叫《推背圖》。

　　唐末藩鎮割據，演變為五代十國，在這個軍閥混戰時期，每一個想爭奪天下的人都想利用《推背圖》蠱惑人心，宣傳自己是上膺天命，見於圖讖，就把這部書加以修改。趙匡胤奪到天下以後，一方面他自己要利用這部書，加進去對自己有益的圖讖，一方面又要防止別人再利用它，就頒發了一部官定本《推背圖》，而把各種版本統統禁止。但是，正如他不能取消階級鬥爭和政治鬥爭一樣，這本書他怎麼能禁止得住呢？依然不斷有新的修改本在民間出現，暗中傳抄。

　　宋獻策從亡友手中所得到的殘抄本上，是畫著一個人踞坐高山，手

執弓箭，山下有一大豬，上騎一美人，中箭倒地而死。這幅圖像的題目是坎上離下的八卦符號，即 ䷾，下綴「既濟」二字。「既濟」是古《易經》中的一個卦名，也就是坎上離下的卦。按照古人解釋，坎是水，離是火，這個卦表示水火相交爲用，事無不濟，也就是無不安定。

圖像下寫著三言四句詩讖：

紅顏死，

大亂止；

十八子，

主神器。

讖後又有四句七言頌詩：

龍爭虎鬥滿寰區，

誰是英雄展霸圖？

十八孩兒兌上坐，

九州離亂李繼朱。

倘若遇到一個熟悉歷史而頭腦冷靜，不迷信「圖讖」的人，很容易看出來這是李存勗僭號以前，他的手下人編造的一幅圖讖。

在封建社會中作爲政治鬥爭工具的《推背圖》，經過五代、南北宋、金、元和明初幾百年，人們又編造許多新的圖讖，刪掉了一部分圖讖，這一幅卻在一種稀見的抄本中保留下來，在民間秘密流傳。《推背圖》每經過一次增刪，次序就重新編排一次。……成化年間，有一個叫做李子龍的人，十分迷信「李繼朱」這三個字，以爲自己上膺「天命」，合當奪取朱家天下，就勾結一個太監打算入官刺殺皇帝，宣佈自己登極。密謀洩露，這個糊塗傢伙和他的一夥人都被殺了。從那以後，凡有這幅圖讖的《推背圖》都被稱爲妖書，有收藏的就算是大逆不道，一被告發，滿門抄斬。但人民痛恨朱明皇朝，惟恐天下不亂。

百年以前，有人在一個深山古寺的牆壁中發現了有這幅圖讖的《推背圖》，將它轉抄在舊藏北宋白麻紙上，封面用黃麻紙，題籤上不寫《推背圖》三個字，卻寫著《讖記》，以避一般人的眼睛。書名下題

　　了兩行小字：「秘抄袁李二先生眞本，天機不可洩露。」

　　這個本子不但騙住了袁潛齋，也騙住了宋獻策，竟然使他們都相信
是個眞本。〔註21〕

姚雪垠用生花妙筆將《推背圖》的來龍去脈很精彩地呈現出來，包括書名由
來的典故，以及直接點破《推背圖》係後人僞託李淳風及袁天綱，宋太祖曾
經試圖頒佈官定版本，並故意混淆圖讖次序，讓民間認爲不再應驗。但此舉
顯然並未成功，《推背圖》仍然在民間廣爲流傳，內容版本並經過後代有心者
不斷的刪增，並且扣合宋獻策「十八子，主神器」史事，點出在古代封建社
會中，《推背圖》經常被有心人拿來作爲政治鬥爭工具，藉以製造神話，強化
取得政權的正當性。姚雪垠《李自成》一書云：

　　〈第三十七章〉

　　宋獻策……向闖王拱拱手，從容不迫地說：

　　「今日獻策所要言者，原是天機。不遇其人，不遇其時，不敢輕易
　　洩露。隨便洩露，不僅敗壞大事，且有殺身之禍。今日獻策來至義
　　軍，面謁麾下，說出天機，正其時矣。獻策因見明朝氣數已盡，必
　　有眞命天子應運而興，故十年來浪跡江湖，萍蹤南北，暗中察訪究
　　竟誰是眞正的濟世英雄。

　　後來得到古本袁天綱、李淳風《讖記》一書，也就是世人所知的《推
　　背圖》。然目今所見的《推背圖》全係後人僞托，與袁天綱、李淳風
　　二人原本出入甚大。我所得到的是古抄本，題爲《讖記》，也是有圖
　　有詩，但次序與今日所見諸本不同，所記圖讖也大有出入。有一極
　　爲重要圖讖，爲今日淸本所無，正是闖王必得天下之讖。」

　　……闖王站起來接過圖讖，與金星、宗敏同看。宋獻策還怕闖王和
　　宗敏不能夠完全明白，站在一旁解釋說：

　　「這畫上被射死的大豬即指朱姓朝廷。四句讖語中所說的『紅顏』
　　就是『朱顏』，即朱姓美人。所謂『紅顏死，大亂止』，即是說朱姓
　　亡國，天下大亂方止。所謂『十八子，主神器』，即是說姓李的當主
　　神器。神器者，天子之位也。闖王當有天子之位，豈不甚明？」

〔註21〕姚雪垠：《李自成》第二卷（北京：中國青年出版社，1999 年），頁 402～
　　　　406。

劉宗敏大叫説：「我的天，果然這《讖記》上寫的明白！」

獻策又指著後邊的四句七言頌詩説：「請看這第三句是『十八孩兒兑上坐』，十八孩兒即俗話説的『十八子』，是個『李』字，明明指的是闖王。兑爲北方，闖王起自延安府米脂縣，正是兑方。再看這第四句『九州離亂李繼朱』，話就説得更明白了。」

金星説：「讖記如此明白，則闖王上膺天命，數已前定，復何疑哉！」

宗敏又叫著説：「獻策兄，你，嗨！你獻來的這一《讖記》，勝添十萬人馬。我劉宗敏拚死也要保闖王早定天下。」

……李闖王一直在聽，在看，在想，默不做聲，竭力使自己保持鎮靜。這時他不再忍耐，望著宋獻策和牛金星説：「我原是出身農家，曾爲驛卒，爲生計所迫，不得已而聚眾起義，立志救百姓於水深火熱之中。不意，名應圖讖，當得天下。不過自古得天下的，雖有天命，更要依賴人事。今後望兩位仁兄多多幫助，見我有不是之處，隨時指出，使我改正。倘果然能得天下，不敢忘兄等輔佐之功。」

……宋獻策來到軍中，獻上「十八子，主神器」的《讖記》，對李自成和全軍上下都起了十分巨大的振奮、鼓舞作用。闖王暗想：過去只是有人説我李自成日後能得天下，不意果然是上膺天命，見於圖讖！劉宗敏等眾將領想道：只要闖王上膺天命，縱然肝腦塗地也是值得的。同時從上到下，都想著今後應如何齊心戮力，整飭軍旅，除暴救民，佐闖王早定天下。

……宋獻策來到闖王老營獻《讖記》的消息很快地傳知了各處將士，到處一片歡騰，鳴放鞭炮，呼喊萬歲。這一振奮人心的新聞也在民間迅速流傳。雖然那些據守山寨的土豪鄉紳們不肯相信，有些人半信半疑，但是廣大饑民，特別是年輕人，都相信這讖記句句皆眞，認爲「李繼朱」是大命注定。從此，來投義軍的百姓更加踴躍，成群結隊，川流不息。〔註22〕

姚雪垠《李自成》歷史小説共三卷，一九六三年出版了第一卷，之後被翻譯

〔註22〕同前註，頁926～929。

成日文獲得日本文部省、外務省頒發的文化獎；一九七六年出版的第二卷獲得首屆茅盾文學獎。姚雪垠將《推背圖》寫入《李自成》歷史小說中，活靈活現的描寫出古代有心者對於「讖緯天命」的運用至極，藉由《推背圖》讖記以預示天下演變之由，製造社會輿論氛圍，蠱惑群眾，促使軍、民相信自己取得大位乃「皆由前定」，並服膺其領導。姚雪垠的小說創作融合史實，讓人讀來除了更添閱讀趣味及真實感，同時也能體會到古人的生活信念與思維。

　　不只歷史小說創作受到《推背圖》的影響，即便是強調現代性的新詩創作也不例外。臺灣文壇詩人葉維廉（1937～）曾於一九七九年獲選十大傑出詩人，其詩作〈致我們的子孫們〉，也將《推背圖》寫入詩中嘲歎歷史，收錄於葉維廉第一本詩集《格賦》。葉維廉吟詠：

> 我來告訴你們／不要靠東風／縱使有燒船的妙算／拿好《推背圖》／熟念〈燒餅歌〉和《通書》／勿近全面蛇形／黃鵠不飛／天龍就爬不上殿柱……我米哼一節催眠之曲／或變石頭為浮瓜／教你們期待瓜一般和平的日子／教你們了解／自我中的阿拉法與俄梅憂／歷史，歷史永遠是青春的〔註23〕

詩人用彷如先知的發言，告訴子孫探索歷史的本質，在文字及技巧上，用很複雜和多層次的表達，嘗試將西洋和中國傳統的表達手法構成一種新的調和，並將中國《推背圖》及西方《聖經》都寫入詩中。

　　臺灣文壇詩人楊平一九九○年代創作的〈或者預言家〉：

> 人類的未來：一吊錢是一回事／兩吊錢是兩回事／紙牌、《推背圖》、水晶球或電腦占卜機／宇宙的奧秘全部在此／所謂的先知或預言家／摩西時代叫做牧羊人／今日稱為乩童、推銷員、或政治觀察家。〔註24〕

詩人楊平從現代的眼光，以反諷、冷冽的筆觸，寫下古今中外人類希望預知未來的渴望與荒謬，秤斤論兩式的付費求助於所謂的這些先知及預言家，不就是今日的乩童、推銷員、或政治觀察家，而詩人將《推背圖》入詩作為代表，表達象徵了中國社會從古至今深受其影響。

　　中國大陸中央黨校副校長李書磊〈回鄉瑣記〉中有這麼一段敘述，記下

〔註23〕葉維廉：《30年詩》（臺北：東大圖書出版社，1987年），頁63。
〔註24〕楊平：《永遠的圖騰》（臺北：唐山出版社，2004年），頁8～9。

途中他在鄭州下車的見聞，提到了鄉村社會中，流傳的《推背圖》故事。
其記：

1990 年 1 月 23 日：回鄉

鄉村社會中神秘氣氛很濃重。鄉村的老秀才們常常在一起閒扯議論
國事。……說蔣介石在峨嵋山時碰到了一個老道，老道送給蔣介石
八個字，叫「勝不離川、敗不離灣」。抗戰勝利後，蔣卻遷都南京，
「勝而離川」，故敗。……

據鄉人説《推背圖》上有許多事應照世事。如推至二十世紀四十年
代，有「口上口、天上天，這個局勢要扭轉」的訣詞。一般人認爲
「口上口」是「呂」字，其實不是「口上口」乃是「日」，「天上天」
乃是「美」，日本走，美國來，但最終共產黨控制大陸「局勢扭轉」，
還有人用《推背圖》解釋「文化大革命」的形勢……不過我也看過
《推背圖》，上面好像並沒有鄉人所傳的訣和圖。〔註25〕

李書磊致力於中國文學和文化建設方面的研究，其〈回鄉瑣記〉筆觸與茅盾
的《回鄉雜記》相近，二者相隔近六十年，但二人共同提到的《推背圖》卻
仍廣爲流傳，雖然鄉野聽聞的《推背圖》內容，添加了穿鑿附會的訣和圖，
跟李書磊眼見的《推背圖》內容不同，但這段敘述倒也眞實的呈現了《推背
圖》在廣大農村口耳相傳、道聽塗說的樣貌。

唐浩明長篇歷史小說《楊度》（原名《曠代逸才》）堪稱一部現代傑作，
該書榮獲中國圖書獎，國家圖書獎，國家優秀長篇小說獎。唐浩明的創作以
楊度爲引線，串起孫中山、黃興、袁世凱、袁克定、曹錕、汪精衛等人物，
把整個波瀾起伏的救國之路，描繪得淋漓盡致。其中第十四章裡頭就有專篇
〈千年前的《推背圖》上便已載明袁克定要做皇帝〉。提到袁世凱有一子名叫
袁克定，聽信江湖術士之言，自以爲名字應了千年的古讖「始艱危終克定」，
日後可以作皇帝，並且進而僞造《順天時報》欺瞞袁世凱，運用小說技巧將
《推背圖》詩讖融入歷史小說情境中，將人性愚昧與貪婪描繪得淋漓盡致。
唐浩明這麼寫道：

半個月前的一天，深得袁克定信任的紹興日者郭垣喜氣洋洋地來找
袁克定。……神秘兮兮地小聲說：「大公子，你一定可以作成皇帝，

〔註25〕李書磊：〈回鄉瑣記〉，載《當代雙月刊》（北京：人民文學出版社，2004 年），
頁 191。

這在一千多年前就已經定了！」……

「《推背圖》上早就寫明了呀！」郭垣從衣袋裡摸出一本薄薄的發黃的書來，一邊說，一邊翻。四十三象裏說的清清楚楚的。

《推背圖》是一本在中國民間流傳很久的書，相傳是唐朝袁天綱、李淳風兩人合編……據說《推背圖》上的話，在後代都一一得到應驗，因而這本書在民間很有神秘性。……

袁克定興致高昂的看著郭垣一頁一頁地翻。終於翻到了四十三象。只見上面畫著兩個人，一大一小，像是趕路，又像是逃難。像下有幾句話：「君非君、臣非臣，始艱危、終克定。」

「克定！」袁克定一眼看到自己的名字出現在書上，又驚又喜。

郭垣神情嚴肅地：說「袁、李二位千年前所預料的一幕，正在當今上演，……恢復帝制一事，剛開始會遇到一些艱難，最後則整個江山都屬於人公子克定您了！」

袁克定聽後心怦怦跳著：「看來這是天意了！」他緊緊地抱住郭垣的肩膀，激動地說：「郭先生，大功告成後，我一定重重酬謝你！」
　　〔註26〕

中國大陸新一代小說家格非，原名劉勇，上海華東師範大學中文博士，並為清華大學教授，在其著作《迷舟》一書中精選七篇小說，包括了〈迷舟〉、〈大年〉、〈青黃〉、〈風琴〉、〈雨季的感覺〉、〈馬玉蘭的生日禮物〉、〈推背圖〉。其中〈推背圖〉為一中篇歷史小說，格非將歷史的諸多片段事件巧妙串聯融入小說情境之中，使得這篇以武則天篡唐為主題，以慾望為主體的歷史故事，更具可看性。格非借用了《推背圖》一書的歷史氛圍展開敘事，讓現代讀者更易進入作家的小說世界。格非如此描述：

唐貞觀二十二年三月，太白金星多次在白天出現。自古以來，這一異常的天象常常被人看作是更換天子的徵兆。……

三月十二日凌晨，太史令李淳風突然奉詔入宮。……

對臣下素有仁靄之風的太宗皇帝……「近來太白金星時常於白天出現……愛卿不知有何賢見？」

〔註26〕唐浩明：《楊度》（北京：人民文學出版社，2002年），頁259～268。

李淳風略一思索，隨即答道：「日月星辰變異之象雖爲歷朝所不能免，不過，臣擔心眼下太白金星的出現和坊間流傳的《祕記》有關……」……

「朕聽說你和術士袁天綱正在合寫一部天地衰變的《推背圖》，不知圖中是否推衍了大唐的未來？」

李淳風不覺一愣。除了袁天綱之外，他們在終南山麓的清風觀合演《推背圖》一事，不知聖上從何處洞悉此事。現太宗垂詢，李淳風只得據實稟告。……

千金公主道，「倘若沒有李淳風，太后也許早已爲太宗皇帝所殺……。」武則天大驚失色，趕忙問道：「大長公主這樣說，有何憑據？」

千金公主……緩緩說道：「此事說來話長。早在三十多年前，太宗皇帝曾在宮中發現一本《祕記》，據《祕記》上說，唐三代之後，有武氏起而滅之……」

千金公主看了武則天一眼，繼續說道「當時，他與道士袁天綱合演的《推背圖》已臻齊備。」武則天臉上佈滿了驚愕的神情。……武則天……彷彿又回到遙遠的童年：在一個大雪紛飛的清晨，一個背負行篋的道士突然來到了家中……。

……武則天看了太平公主一眼，嚶聲說道：「兩個多月前，朕聽千金大長公主提起，先朝太史令李淳風與術士袁天綱合演《推背圖》一書，不知國老可曾聽聞？」

狄仁傑答道：「臣並不知曉。」

「書中預言，將奪我武氏江山之人，即爲愛卿……」

狄仁傑似乎大吃一驚。隨後他開懷大笑起來：「史官卜祝之言，未可爲信。今臣將撒手西還，而陛下社稷穩若泰山，足見此言虛妄無理，陛下何憂之有？」

武則天也笑了起來。〔註27〕

從以上各家創作，由古典到當代，不論是小說、文人筆記、詩作、散文等眾

〔註27〕格非：《迷舟》（臺北：小知堂，2002年），頁193～334。

多文體，皆明白提及《推背圖》此書以及流傳故事，甚至作品本身或形式技巧也都與《推背圖》有著密切的連結與關聯。由是觀之，《推背圖》確有可觀的影響藝文的地位與價值之處，但長期以來，一直被各界所忽略未予探討，本專書希望能藉由此迥異前人研究角度分析，提出個人整理心得與看法，以供各界及後者思考。

第七章 《推背圖》各家觀點論述

　　自《宋史‧藝文志》載錄《推背圖》一書，南宋岳珂《桯史》又明確記載「唐李淳風作《推背圖》」之後，傳者多因其說，並增益爲唐李淳風、袁天綱（罡）共作《推背圖》。[註1] 清末民初以來，由於民智大開以及世亂不斷，《推背圖》、〈燒餅歌〉、〈黃蘗禪師詩〉之類預言書廣爲刊行，並經常被公開提出或討論，其中尤以《推背圖》詩讖屢符唐代以來國事，甚至亦若合符節清末民初時事，且預言內容年代跨距最大，堪稱中國預言書代表，不過由於《推背圖》版本不一，更有越晚出者越神驗現象，特別是民國四年面世的金聖嘆批註《推背圖》版本，流傳過程更是曲折離奇，以致各家對《推背圖》眞僞一直爭論不休。

　　事實上，《推背圖》眞僞之辨，在本專書第二章及第三章即已分就《推背圖》源起、作者問題、現存版本、金聖嘆批註版本眞僞辨析等面向考辨甚詳，相信已能廓清《推背圖》眞僞之謎，除此之外，本章節特別綜整前人對於《推背圖》看法，提供「《推背圖》研究」另一宏觀視角「萬山不許一溪奔、堂堂溪水出前村」，[註2] 在眾聲喧嘩中，理出清明思緒。

　　依本研究歸納分析，前人對於《推背圖》看法大抵可將之區分爲三類，亦即深信不疑之類，斥爲僞妄之類，信疑保留之類，並依次探討《推背圖》信疑者與態度保留者及其論點，同時由於《推背圖》討論者眾，爲免失焦，

〔註1〕 據本研究查考，已排除《推背圖》作者爲李淳風、袁天綱之說，且作者已無可考。詳參本專書第二章第三節〈作者問題〉。

〔註2〕 語出南宋詩人楊萬里〈宿桂源舖〉「萬山不許一溪奔、攔得溪聲日夜喧。到得前頭山腳盡，堂堂溪水出前村」。

故本章節羅列討論者，多以具備學術背景者爲考量，其中代表人物諸如：章太炎、錢玄同、錢穆、魯迅、許地山、勞思光、唐德剛、黃永武、林世田、王亭之、鍾肇鵬、謝貴安等人，以及兩岸三地各界知名人士。

第一節　信之不疑者

　　基本上，據本研究所查及整理，對於《推背圖》傾向認爲是唐代流傳至今的，多屬道家之流或具玄學背景者。光緒年間舉人徐珂，於民國六年所編《清稗類鈔》一書中，直指「唐司天監袁天綱、李淳風撰《推背圖》，凡六十象，以卦分繫之。」〔註3〕，該書並且處處可見時人扶乩等紀錄，尤其對《推背圖》預言國事神驗，頗感驚服，並以大量篇幅介紹之。徐珂之見，也代表了清末民初之際多數飽學之士，對《推背圖》的一種看法。時至今日，仍有不少知識分子抱持相近看法，對於《推背圖》信之不疑。

　　香港經濟日報副社長石鏡泉爲《天地運看推背圖》作序文亦云：

> 自從八九民運事件之後，《推背圖》一度盛行，它是以隱語的方式來預言唐朝以來中國歷代的治亂興衰，很多時候，只需看它的圖像，便能知道預言的大概，非常神奇。坊間有不少解釋《推背圖》的書，但大多數都是斷章取義，僅從某一圖像之中抽取一句或兩句，便套入自己的意思，任意解釋。〔註4〕

不少相信金批本《推背圖》爲眞者，也有類似看法，港台知名傳播學者彭家發在〈解讀的解讀：一個世俗的宏觀〉一文中提到：

> 在當代社會中，藉著存在條件，推敲往後一段時間情況，並非難事，但在古舊社會中能知（解讀）過去、未來，好使能計算、能運籌決策，向來爲儒生們所追求。因而解讀預言，即爲儒生們所挖空心思者。我們歷代預言而成書者，大約編自周初呂望之〈乾坤萬年歌〉，漢之讖諱，蜀漢諸葛亮〈馬前課〉，唐貞觀年間（626～649）司天監李淳風（602～1077）與袁天罡合著之《推背圖》，李淳風獨著之〈藏頭詩〉（另有名著《乙巳占》），宋邵康節（1012～1077）之〈梅花詩〉，明劉伯溫〈燒餅歌〉，清黃蘗〈禪師詩〉，以及鐵冠道人

〔註3〕徐珂編：《清稗類鈔》（第九冊）（臺北：臺灣商務印書館，1983年），頁3。
〔註4〕尋龍居士：《天地運看推背圖》（香港：德記書報發行有限公司，2003年），頁8。

之《玄機數》等書，其中尤以〈馬前課〉、《推背圖》（以圖讖附上七言詩）及〈燒餅歌〉三書，預言後世的治亂興亡演變，流傳最廣，附會（assimilation）也最多。……

例如，《推背圖》第五之戊辰／坤巽／觀卦，畫有一個馬鞍，一笑（史）書，以及一個婦女躺在地下。讖曰：「楊花飛　蜀道難　截斷竹簫方見日（肅字，疑指肅宗）更無一史（史字，疑指史思明）乃平（疑作剿平解）安（疑指安祿山）。」頌曰：「漁陽鼙鼓過潼關　此日君王幸劍山（疑指劍閣）木易（楊字）若逢山下鬼（嵬字，疑指馬嵬坡）　定於此處葬金環　（貴妃名玉環）」如非僞作，縱不令人吃驚，亦會令人若有所思，但所指爲過去事矣。〔註5〕

文中李淳風之卒年應係誤植，作者在附註中提到，本卦除金聖嘆手批外，餘爲作者自己參詳所得，並認爲「詩讖有時的確有一些隱約合事之處」，「如非僞作，縱不令人吃驚，亦會令人若有所思。」由是可見，即便是受過社會科學學術訓練的學者，對於預言之類讖言信合，仍有其主觀判斷。彭家發對於詩讖隱合時事，有其個人情感認同，同時也傾向相信金聖嘆手批以及李淳風、袁天罡（綱）合著《推背圖》一事。

同樣的，胡適門生知名歷史學者唐德剛（1920～2009）《晚清七十年》第二冊〈太平天國〉書中，有一大段篇幅提到金聖嘆《推背圖》，也傾向相信金聖嘆手批李淳風、袁天罡（綱）合著《推背圖》一事其云：

最不可思議的則是《推背圖》在這方面也把毛公描畫得龐眉畢露。在《推背圖》第四十一象的「頌」中，預言者寫了下面的四句「帽兒須戴血無頭，手弄乾坤何日休。九十九年成大錯，稱王只合在秦州。」在這四句中，除第一句仍不可解之外，其他三句不是把毛氏對中國大陸二十八年的統治，說得入木三分？……

《推背圖》的作者竟能於千年之前爲吾輩「預言之」。縱使是「迷信」、是「僞造」、是「巧合」……無論怎樣，歷經此劫者在家破人亡之後讀之，也是發人深省吧！……且看《推背圖》第三十四象，巽卦，對「太平天國」的那項預言……這首預言詩，如是「事後僞撰」，作者的膽子未免太大了。……把「洪秀全」三字，眞的「嵌」

〔註5〕　彭家發：〈解讀的解讀：一個世俗的宏觀〉，載政大新聞系編：《自反縮不縮？新聞系七十年》（臺北：政大新聞系，2005年），頁265。

出來了呢？……

因此，凡天下任何事理不可說得太絕。我們信任「無神論者」的辯難至百分之九十九，也要給「有神論者」百分之一的機會，讓他們盡其所欲言。萬一將來的考據學家、目錄學家和版本學家真的證明了上述有關太平天國的預言詩，確是一八五六年（太平天國「天京事變」）之前的作品，那我們對這首預言詩，又如何處置呢？〔註6〕

以唐德剛所受學術背景史學研究訓練，竟然也對金聖嘆《推背圖》不疑有假，正也說明了讖言之類預言，確實對一般大眾有著莫大影響力，信者有所感恆信之。

黃永武教授（1936～）早年編輯《敦煌寶藏》巨冊，其輯錄敦煌佛經中，《大雲經疏》即記載有《推背圖》。黃教授治學嚴謹，退休後旅居加拿大，其在晚近出版的《黃永武隨筆》中，提到這麼一段話，字裡行間似乎也對相傳李淳風作《推背圖》之說，不疑有它；然而在同書中提到受業楊家駱教授，直言《四庫全書》內容錯字太多，又未挑選最好版本抄寫，校對也不仔細，在版本學上是很差的；但卻對相傳李淳風作《推背圖》之說，未置一辭，考其上下文，似乎傾向相信此說：

民間流傳《秘記》：女主武王代唐有天下，皇帝就問李淳風，這可信嗎？這段故事在《資治通鑑》中也記載的，現代流傳的中國預言《推背圖》，也說是李淳風所作，可見李淳風的天文地理知識，的確不凡。〔註7〕

同樣的，林世田先生也據《大雲經疏》探討武后代唐史實，文中甚至進一步引申相信唐李淳風、袁天綱作《推背圖》之說。林教授在其〈武則天稱帝與圖讖祥瑞〉一文中指出，武則天的御用和尚們，引用李淳風、袁天綱的《推背圖》製造讖銘，來證明佛說統治中國的女主姓武，非武則天莫屬，其云：

《推背圖》：大蓄八月，聖明運翔。止戈昌，女主立正起唐唐。佞人去朝龍來防，劃清四海，整齊八方。……他們引用了當朝李淳風、袁天綱的《推背圖》中的「止戈昌，女主立正起唐唐」（《推背圖》

〔註6〕 唐德剛：《晚清七十年》（第二冊）（臺北：遠流出版公司，1998年），頁60～69。

〔註7〕 黃永武：《黃永武隨筆》（上冊）（臺北：洪範書店有限公司，2008年），頁263～264。

有多種版本傳世，筆者寡學，未見此句）又加注説「止戈者，武也。
昌者，昌盛也。」〔註8〕

由此可見，林世田相信李淳風、袁天綱作《推背圖》，並加以演繹敦煌出土的
《大雲經疏》所載《推背圖》讖文，係引用當朝李、袁共作之《推背圖》；並
且加注自己寡學，所見《推背圖》版本中未見「止戈昌，女主立正起唐唐。」
易言之，林世田深信李淳風、袁天綱作《推背圖》，後世並流傳有多種《推背
圖》版本。

梁乃崇教授（1939～　），原為中央研究院物理研究所研究員，兼任清華大
學物理所合聘教授，榮退之後擔任圓覺文教基金會董事長，法名智崇，其在
公開演講也推崇《推背圖》神驗，從第三十九象——「鳥無足山有月旭初升
人都哭」抗日勝利分析到第四十四象——「日月麗天群陰懾伏　百靈來朝雙
羽四足」國家的未來：

> 各位先生、各位女士：今天我要演講的題目是「佛法與國運」。我將
> 從四方面來探討這個問題：首先我要介紹的是國運的現況大致是一
> 個什麼情形；其次我要說明佛法對國運的影響；然後我會講《推背
> 圖》對國運的預言，這本預言書很多人都知道，不過大家所作的解
> 釋都各有出入；最後我們來看看整個人類的未來會是一個什麼狀
> 況。……講到這裡，我們回頭來看看《推背圖》。這本《推背圖》是
> 部很精采的書，我們從比較早的地方看起……尤其是《推背圖》的
> 預言應驗得那麼準確，你就會相信它對未來的預言。……既然《推
> 背圖》對前面的預言是那麼精準，我們當然希望《推背圖》對未來
> 的預言能夠應驗，希望見到那個盛世的實現。〔註9〕

何衛國也深信《推背圖》流傳過程中屢禁不絕，並且金批本原刊本現藏於臺
北故宮博物院，其在〈金陵十二金釵冊子蠡測〉一文中指出：

> 金陵十二金釵冊子在圖冊形式、圖讖構件、圖畫與讖文風格三方
> 面，明顯借鑒了《推背圖》，借鑒的直接誘因源於《推背圖》中與女
> 子的相關圖讖，曹雪芹在借鑒《推背圖》時，推陳出新，給我國讖

〔註8〕　林世田：〈武則天稱帝與圖讖祥瑞——以 S6502《大雲經疏》為中心〉，《敦煌
　　　　學輯刊》2002 年第 2 期，頁 67～68。惟考《大雲經疏》原文所記為《推背
　　　　圖》，圖乃圖之古字。
〔註9〕　梁乃崇：〈佛法與國運演講〉（臺北：臺灣師範大學教育學院大樓演講廳），
　　　　1993 年 8 月 8 日。

辭文化，增添了新的色彩。

……《推背圖》在流傳過程中，遭受了歷代的禁毀，官方大都把它作爲妖書圖讖來禁止、刊行、出售、傳抄、擁有及流傳，查獲違犯者治以重罪，然而其屢禁不絕，一直在民間暗中流傳，各版本之間內容上有出入，是完全可能的。

……清《四庫全書》特收緯書八種，乾隆御筆評點曰：「讖緯有純亦有疵，稽古堪資耳。」乾隆提倡輯佚讖緯，由是此風大開，自明季至嘉慶朝，大批文人從事讖書和緯書的蒐集與輯佚，使讖緯之學幾乎修復。

……《推背圖》作爲準確預言了明亡清興的讖書，自然不會受到朝廷的打擊而消聲匿跡，相反的，還有可能是最流行的書籍。

……金批本原刊本現藏於臺北，惜無緣一見。〔註10〕

何衛國據乾隆御筆評點：「讖緯有純亦有疵，稽古堪資耳。」而大膽推論「《推背圖》不會因爲朝廷的打擊而消聲匿跡，相反的，還有可能是最流行的書籍。」實屬錯誤。查清代朱砒奏摺發現，清康熙、雍正、乾隆三朝乃至嘉慶、道光年間，皆有查禁亂匪私傳《推背圖》之事，顯例俱在，何衛國所臆測不確，學術研究亦不嚴謹。

又，何氏所言「金批本原刊本現藏於臺北，惜無緣一見」，亦屬訛傳之誤。坊間訛傳金批本原稿本現藏於臺北故宮博物院，以強化金批本確屬唐宋眞本之眞實性，不少大陸學者陳陳相因、誤引此說，如：仲林《方術》專書亦言之鑿鑿，敘及「現今最常見的本子是明末清初大才子金聖嘆評點本，原書現仍保存於臺北故宮博物院。」〔註11〕然故宮博物院官方網站討論區已否認此說，且本研究遍查其歷年出版品皆無館藏此書。本專書特別指出其誤，主要用意在於不希望有心人或不察者誤導大眾，讓事實眞相還原。

臺灣學者殷善培在《敦煌本瑞應圖殘卷的結構與文化意涵》一文中指出：

符瑞，看似荒誕無稽，但是無可諱言，這種觀念影響傳統中國頗深，且歷朝歷代寧可信之不疑，如有關開國皇帝的感生說、太平盛世的

〔註10〕何衛國：〈金陵十二金釵冊子蠡測〉，《紅樓夢學刊》第 5 輯（2007 年），頁 104～106。
〔註11〕仲林：《方術》（重慶：重慶出版社，2006 年），頁 139～142。

祥瑞說、亂世的災異說……由此而形成的文化現象是值得重視的。……圖讖本身是圖與讖言並重，但現存的圖讖之書，除少數如《推背圖》是圖、讖並存外，其餘多只空留文字，無從得見原圖面貌。〔註12〕

殷善培認為，《推背圖》是少數保存至今仍圖、讖原貌並存的圖讖。殷氏之見，同樣的也說明了，學術研究圈中深信《推背圖》非偽的學者，所在多有。蕭登福在《讖緯與道教》一書中，如是敘述：

在所有讖記預言書中，流行的時間最長，傳播的空間最廣，影響人民最深遠、廣闊的，當首推《推背圖》。《推背圖》舊題為唐袁天罡、李淳風撰。……李淳風、袁天罡兩人，都精通命相曆算，二人確有能力撰作《推背圖》這類預言讖記書。……綜上所述，《推背圖》一書，《宋志》及宋人筆記都已談到，可確定為唐初李淳風所作。由宋經元、明皆有記載，明末清初的金聖嘆甚且為它作註。則此書應是唐宋流傳至今的古籍，但今所見的《推背圖》，版本卻有數種之多，難以斷定何者為古本。……其中最流行的，則為附有清‧金聖嘆評註的本子。金聖嘆係明末清初時人；其所選本，應是明世至清初的古本了，且金聖嘆為有名文人，所擇者必為當時之佳本（案：文字雖古，疑今所見之圖，在服飾上，則或有依時俗而予改刊者）；因而底下之論述，即以金聖嘆本為主。……其預言讖記，與史事偶合者甚多。〔註13〕

值得一提的是，蕭氏於書中舉出當年臺灣盛行「大家樂」時，好事者也希從《推背圖》中得到預測靈感，而在每象圖讖中加以附會數字明牌，並收錄於書中供讀者參考，可見《推背圖》被信者視為神驗天書，甚至書中各象圖讖被賭徒加以附會連結數字明牌，呈現另類奇特的當代大眾文化現象。〔註14〕

鍾肇鵬乃大陸知名研究讖緯學者，其在《讖緯論略》一書中，對於《推背圖》流傳真實性並未存疑，並例舉金聖嘆批註《推背圖》第三十三及三十四象圖讖內容，並認為今傳《推背圖》疑即《唐書‧藝文志》子部天文類所記李淳風、袁天綱合著《太白會運逆兆通代記圖》。其云：

〔註12〕 殷善培：《敦煌本瑞應圖殘卷的結構與文化意涵》，《淡江大學中文學報》5（1999年6月），頁147～148。

〔註13〕 蕭登福：《讖緯與道教》（臺北：文津出版社，2000年），頁52、529。

〔註14〕 同前註，頁578、579、580、581。

在民間流傳的讖緯，歷代以來流傳不絕。如托爲姜太公著的〈乾坤萬年歌〉，托爲諸葛亮著的〈馬前課〉，還有唐代袁天罡、李淳風著的《推背圖》及李淳風的〈藏頭詩〉，托爲宋朝邵康節的〈梅花詩〉，托爲明朝劉伯溫的〈燒餅歌〉，以及黃蘗〈禪師詩〉等，現在不能一一加以評介，只能就《推背圖》加以剖析。……

在《唐書・藝文志》子部天文類又有李淳風、袁天綱合著的《太白會運逆兆通代記圖》一卷。《會運逆兆通代記圖》即預測會運轉移、時代更替的圖記，疑即流傳下來的《推背圖》。〔註15〕

吳蔚在《755 年・中國歷史盛衰之交》一書中，雜採史書及稗官野史對於李淳風事蹟記載，在其書中提及李淳風生平時，便直接寫道《推背圖》是李淳風和袁天綱共著。其言曰：

李淳風通曉天文、曆法、陰陽學說，曾製造出在周朝末年已經失傳的渾天儀，並著《法象書》，受到太宗的重視，授官將士郎，直太史局，後來又被任命爲太史令。……

中國預言中最爲著名的奇書《推背圖》，便是由李淳風和另一曾爲武則天相過面的奇人袁天綱所著。《推背圖》全集一卷，凡六十圖像，以卦系分之。每幅圖像之下有讖語，并附有「頌曰」詩四句，「預言」後世興旺治亂之事。書名是根據第六十圖像（最後一卦）中的頌曰：「萬萬千千說不盡，不如推背去歸休。」而名。〔註16〕

吳蔚，喜文史，已出版《880 年・滿城盡帶黃金甲》、《1644・中國式王朝興替》等歷史類書籍。《755 年・中國歷史盛衰之交》該書選擇了具有代表性的有關人物，以人物命運爲主線，講述了安史之亂發生的前因後果，以及唐朝由興而盛、極盛轉衰的演變。吳蔚在書中列舉了李淳風的事蹟的同時，也添加了後世相傳李淳風和袁天綱共著《推背圖》之說，可見其篤信此說，而將傳說的材料運用於李淳風的事蹟之中。

游建西《道家史略論稿》認爲道家人物創造了很多有名的讖緯，從古至今都有流傳，在民間影響很大。其云：

道家一些著名人物在讖緯合一的基礎上，創造了很多有名的讖緯，

〔註15〕 鍾肇鵬：《讖緯論略》（瀋陽：遼寧教育出版社，1991 年），頁 242。

〔註16〕 吳蔚：《755 年・中國歷史盛衰之交》（海口：海南出版社，2006 年），頁 48～49。

如「姜太公〈乾坤萬年歌〉、諸葛亮的〈馬前課〉、袁天綱李淳風的《推背圖》、劉伯溫的〈燒餅歌〉、邵康節的〈梅花詩〉」等等，都是著名的讖緯。這些讖緯從古至今都有流傳，在民間影響很大。〔註17〕

平心而論，古來讖緯確有流傳，且對民間影響很大，但游建西所言，似乎認同所列舉讖緯皆爲從古流傳至今，不疑乃後人偽託，恐失之偏頗，或與其學術研究主題有關。蓋近代學者如陳學霖等人皆已提出有力論述劉伯溫〈燒餅歌〉之偽，更遑論遠古之姜太公〈乾坤萬年歌〉？

　　以下再舉兩岸故宮研究人員不約而同皆在文章中引述金聖嘆批註《推背圖》圖讖的例子，相當程度可反映知識份子階層中，有不少人相信金聖嘆批註《推背圖》的眞實性。臺北故宮博物院研究員莊吉發雖認爲李淳風、袁天罡（綱）確有其人，但對《推背圖》是否爲二人所作，則持保留。但似乎相信金聖嘆批註《推背圖》一事，指出後世流傳的《推背圖》，有金聖嘆手批本，流傳甚廣。其云：

> 《推背圖》是一種政治性，同時也是宗教性的預言書……李淳風、袁天罡雖實有其人，而《推背圖》是否爲其所作，則殊難置信。後世流傳的《推背圖》，有金聖嘆手批本，流傳甚廣。……金聖嘆於《推背圖》序文中謂「……玩其詞，參其意，胡運不長，可立而待，毋以天之驕子自處也。」《推背圖》的内容主要是推演術數家之言，以讖語寓意，力求玄妙，其中涉及胡漢忌諱頗多，例如第三十三象……滿漢種族意識，躍然紙上，民間秘密宗教誦習《推背圖》遂被官方指稱含有某種程度的政治意識。〔註18〕

北京故宮博物院副研究員、圖書館副館長向斯在《皇帝的佛緣》一書中，也引晚出金聖嘆批註《推背圖》圖讖，介紹李淳風勸諫唐太宗及武后代唐史事，其云：

> 唐太宗信佛，有一天，他得到一個神祕的讖，上書：唐三世而後，女主武王，代有天下！唐太宗驚惶不已，急召博學多才的内史李淳風，詢問此事。李淳風嚴肅地説：依臣推測，此兆已經形成，這人

〔註17〕 游建西：《道家史略論稿》（北京：光明日報出版社，2006年），頁206。

〔註18〕 莊吉發：《眞空家鄉：清代民間秘密宗教史研究》（臺北：文史哲出版社，2002年），頁389～391。

就在陛下宮中，三十年後當得天下，誅殺李唐子孫殆盡！

……不久，世間流行一部《推背圖》，上面有一圖讖，預言武則天將

代有天下：

日月當空　照臨天下

撲朔迷離　不文亦武

參遍空王色相空　一朝重入帝王宮

遺枝撥盡根猶在　喔喔晨雞孰是雄

這部神秘的《推背圖》，據說是星相大師李淳風、袁天綱撰寫的，所

預言之事，最後被歷史所證實。〔註19〕

綜上可知，傾向相信《推背圖》圖讖甚至金聖嘆批註《推背圖》的知識份子
大有人在，僅本節所列舉近代學人，即有徐珂、唐德剛、彭家發、黃永武、
林世田、梁乃崇、何衛國、殷善培、蕭登福、鍾肇鵬、莊吉發、向斯等人。
由此可見，《推背圖》流傳故事既能令飽學之士傾向信其爲眞，更無怪乎即便
「科學昌明」民智大開的今日，相信《推背圖》爲眞者仍大有人在，而未嗤
之以「封建迷信」惑世誣民。

第二節　斥爲僞妄者

基本上，本研究整理各家之言，對於《推背圖》認爲是妄說僞言者，多
屬具儒家思想或儒學背景之流。清初顧炎武嘗言「世充將謀纂位，有道士桓
法嗣者言，解圖讖，乃上《孔子閉房記》……詳此乃似今人所云《推背圖》
者，今則託之李淳風，而不言孔子。」〔註20〕，顧炎武所言，相當程度反映
了同時代人對於《推背圖》的質疑看法。清末民初留日風氣鼎盛，在留日學
人中章太炎是少數挑明質疑《推背圖》眞實性的代表，恰與魯迅、茅盾、郁
達夫等的看法，大相逕庭。章太炎《國學講演錄》記云：

漢末鍾繇不好《公羊》而好左氏，謂左氏爲太官廚，《公羊》爲賣餅
家。自《公羊》本義爲董、胡妄說所掩，而聖經等於神話，微言竟
似預言，固與《推背圖》、〈燒餅歌〉無別矣。今治三傳自應以《左
氏》爲主，《穀梁》可取者多，《公羊》頗有刻薄之語，可取者亦尚

〔註19〕　向斯：《皇帝的佛緣》（北京：紫禁城出版社，2004年），頁106。

〔註20〕　〔明〕顧炎武：《原抄本日知錄》（臺北：明倫書局，1970年），頁865～866。

不少，如内諸夏、外夷狄之義，三傳所同，而《公羊》獨著明文。
又譏世卿之意，《左》、《穀》皆有之，而《公羊》于尹氏卒、崔氏出
奔，特言世卿非禮。故讀《公羊傳》者，宜舍短取長，知其爲萬世
制法，非爲漢一代制法也。〔註21〕

章太炎認爲《公羊傳》本義爲董仲舒等人妄說所掩，微言竟似預言，簡直與
《推背圖》無差，大有貶抑《推背圖》乃胡言妄說之意；但也可從章太炎在
《國學講演錄》舉出《推背圖》爲例，亦可見《推背圖》確爲時人所熟知。

徐一士《一士類稿》對《推背圖》的批評，與章太炎頗爲近似，其曰：

今文家一般之現象，在雜採陰陽五行家奇異之說。《易》、《詩》不關
史事，（此舉大者言）《尚書》所事多在字句間，獨三傳異說最爲奇
詭，而《公》、《穀》雜採爲尤甚，以人事推之迂怪，所關蓋不僅於
禮樂制度之間。故自東京以來，三傳之爭最烈，「三統」、「三山」之
說，已令人迷惘，而「素王爲漢制法」之語，實等俗世《推背圖》、
〈燒餅歌〉之流，大爲不經。〔註22〕

李幹枕在《破除迷信全書》中對當時社會流傳的《推背圖》，直言認爲是惑世
之書：

讖緯的說法原是迷信家的製造品。最能使社會陷於迷離惝恍之中
的，要以世俗所稱的《推背圖》爲最……現在所傳的本，也不一種，
其中的語調，若明若昧，閃閃灼灼類乎騎牆語，令人難憑；這就是
他惑世的技倆處。

憑實說來，李袁二人又焉能預曉六十朝以後的變革呢？……若要說
些閃閃灼灼的話，毫不負什麼責任，又何必那本《推背圖》呢？無
論誰都可信口胡謅的。〔註23〕

錢穆先生對於《易經》研究頗爲深入，亦曾多次發表易書研究之見解，其對
《推背圖》的看法，顯然有其定見：

《易》書有兩要項，一曰象，一曰數……宋儒周濂溪《易通書》、《太
極圖說》，偏重象。邵康節治《易》偏重數，乃以其數學來考定古史

〔註21〕章太炎：《國學講演錄》（上海：東華師範大學出版社，1995年），頁125。
〔註22〕徐一士：《一士類稿》（臺北：文海出版社，1966年），頁100。
〔註23〕王秋桂、李豐楙編：《中國民間信仰資料彙編》（臺北：臺灣學生書局，1989
　　　　年），頁457～458。

年代。其流如《推背圖》等，不得謂非夾雜以許多迷信。〔註24〕

錢穆先生甚少提到《推背圖》，惟在《故宮學術季刊》中曾撰專文〈中國史學略論〉對於《推背圖》之流，評論認爲其夾雜迷信，但不可否認，術數之學在中國文化傳統及史學中，極占重要地位。

許地山鑽研道家研究甚深，其在《扶乩迷信的研究》一書中曾言：

> 《推背圖》、〈燒餅歌〉一類的預言書，其中文句無論選擇哪一個時期的史實來解釋，都可以解釋得通底。天災人患兵刀水火，朝代興亡，既不實指年代地域，而人間又未達到永安的生活，這種經驗隨時隨地都可以有，所以怎麼解釋都可以。〔註25〕

許地山客觀的點出《推背圖》預言文字既不實指年代地域，無論選擇哪個朝代始時都解釋得通。確屬卓見，也說明了預言驗與不驗，事後附會解讀有絕大影響。同時，據陳學霖考證，澳洲大學圖書館有許地山藏書《祕本詳解〈推背圖說〉》，據此，許地山之見，有其依據及一番研究，並非隨興漫談之言。

陳學霖認爲留日革命黨人與今日流通版《推背圖》關係密切，《推背圖》係後人假託，非李淳風所撰，今本《推背圖說》係於一九一一年刊行，而其付梓者無疑是在日本活動的中國革命黨人，其立論證據爲澳洲國立大學圖書館許地山教授藏書《祕本詳解〈推背圖說〉》，雖未詳載出版地點，但從所署的黃帝紀元及下揭的另一類似刊本鑑判，應係在東京印行。所用黃帝紀元最饒意義，因爲這是在日本從事反清運動的革命份子採用的年號，故而據此推論，今本《推背圖說》應與清末留日革命黨人莫大關聯。〔註26〕

潘國森則從版本學專業角度，對於金批本《推背圖》提出質疑：

> 讀者要我談談《推背圖》和〈燒餅歌〉曾經準確預言那些事件。現在市面上容易購得的《推背圖》，一般被稱爲「通行本」，是經過清末民初術士大幅竄改的版本。1995年在臺灣出版的拙著《破解閏八月劫數》已有專論，此書銷情不佳，書商已將賣不去的切碎「循環再用」。當年付梓倉卒，錯字甚多，亦實在有點對不起讀者，不過總算制止了那位鄭先生繼續騙人。通行本搬出一位洋人「曼根氏」

〔註24〕 錢穆：〈中國史學略論〉，《故宮學術季刊》第 1 期（1984 年），頁 17。
〔註25〕 許地山：《扶乩迷信的研究》（臺北：臺灣商務印書館，1966 年），頁 118～119。
〔註26〕 陳學霖：〈劉伯溫《燒餅歌》新考〉，載香港珠海書院編：《羅香林教授紀念論文集》（臺北：新文豐出版社，1992 年），頁 1363～1403。

（Macon）的〈跋〉，那篇文章在清末民初或可以嚇倒不諳英語的中國人，現在理應騙不到粗通英語、稍為肯動腦筋的香港人。「版本學」是一門幫助我們辨別古書真偽的專門學科。許多比較冷門的書籍要用「版本學」的常識判斷。「通行本」《推背圖》漏洞太多，讀者不必花心神去推敲。例如通行本第四十二象，圖中有一兔一弓，據見過清代抄本的前輩指出，原圖應是一把金刀而不是一把弓，這是清末民初術士竄改的痕跡。「兔」加「金刀」即是「劉」，因為兔在地支配「卯」，如果能確認那個版本是清代的真本，就可以理解為預言劉少奇倒台。至於〈燒餅歌〉版本，我認識無多，不敢亂說。總之，許多聲稱能預言未來事的「古書」，其實都是沒有成名的術士假託為古代名人著作。或有一些準確，作為茶餘飯後助談之資亦無妨。若有人說能夠解通，就要小心，以免受騙。

書上面將刊行年份寫得很久遠，是很容易的一回事，不過不同朝代的書在印刷、用紙、風格、字體、裝潢、印記等等都有學問在裡面。比如坊間很容易得到的通行本《推背圖》（在網上也有），說是「唐司天監袁天罡、李淳風撰」，實情是袁天罡只做到火井縣令，李淳風卻是太史局令，太史局改名司天臺則是李淳風死後多年的事。現代人出版書籍、或者為父祖刊刻遺作，會不會寫錯作者的身份？……通行本《推背圖》假得離譜，例如畫法用了西方的「線性立體透視」，而不是「平行立體透視」。種種證據十多年前已在《破解闖八月劫數》一書指出，不過仍有人相信那是真的，奈何。〔註27〕

潘氏對於坊間通行的《推背圖》，亦即所謂金聖嘆批註《推背圖》，提出了相當客觀的分析，諸如從版本學經常探討的各朝代印刷、用紙特徵乃至官職因歷代沿革而有不同稱謂，以及從中國傳統繪畫風格迥異晚近引進西方立體透視技巧，書末署名曼根氏（Macon）的英文跋文錯誤，一一辨偽舉出坊間通行《推背圖》之謬。

蔡敦祺從預測學的科學性角度，對於《推背圖》作如是觀，其云：

《推背圖》是首見於《宋史·藝文志·五行類》，此之前的《舊唐書》《新唐書》及五代諸《書》都未見記載，因此可判斷該書李淳風與

〔註27〕潘國森：〈《推背圖》版本學〉，《香港都市日報，專欄：中國名堂》，2007 年 1月 8 日；4 月 13、16 日。

袁天綱（該書寫爲「袁天罡」並非歷史人物正名，乃屬訛誤）兩位
好友共同推算唐及後代歷史大事，乃是世人偽託。……該書至今仍
有不同版本在流傳，不同讀者對圖讖詩贊的含義各有附會。今人若
將猜《推背圖》含義當作娛樂遊戲，當然不妨一樂，但若將《推背
圖》當眞爲「預言」來猜，未免毫無意義浪費時間與心力。〔註28〕

觀諸蔡氏所言，似乎有理，但其推論仍缺乏直接有力證據，一者，唐朝以前
書籍散佚頗多，唐朝、五代諸《書》未見著錄《推背圖》一書，即推論爲宋
朝後人偽託，立論證據似嫌薄弱，他人可引武后時期《大雲經疏》摘引《推
背圖》爲例質疑；況且，驟以袁氏「綱」「罡」二字之異，即大膽推論「乃屬
訛誤」，恐怕亦過於武斷，蓋古人有所謂「避諱」及民間慣用「俗字」，此或
可解釋歷來《推背圖》袁氏「綱」、「罡」互見之因。

　　中國人民大學哲學系王鴻生，則從哲學理性的角度剖析，《推背圖》某種
程度反映了人們希望能預知未來的願望，並且源自人類渴望把握命運的本
能，其來已久。王氏在〈曲折的勸戒和警示〉一文中，有這麼一段話：

從本質上說，預知未來災祥禍福的渴望，發源於人類把握人生命運
的本能。預測學的歷史和人類文明一樣古老，考古發現的我國最早
的成形文字甲骨文中，有相當大的一部分是卜辭。我國最古老的文
獻《易經》中也滲透了許多占卜的內容。如今在市井小攤上經常可
以看到各種歪渠邪道出版的《布衣神相》、《梅花易數》，甚至還有所
謂的李淳風和袁天罡的《推背圖》、劉伯溫的〈燒餅歌〉等。這些東
西之所以有市場，是因爲他們無不反映了某些人們預知未來的願
望。〔註29〕

王氏說法，係從理性角度分析，並從中國文字中卜辭示象及《易經》之占卜
蘊意，佐證預測災祥禍福來自人類冀望掌握命運的渴望。由是觀之，民間流
傳《布衣神相》、《梅花易數》、《推背圖》、〈燒餅歌〉之類預知未來的書，也
就不足爲奇，同時，王氏將此類預言書喻爲「歪渠邪道」，甚至懷疑李淳風和
袁天罡（綱）共作《推背圖》的眞實性。

　　北京中國人民大學政治學系張鳴，則從政治革命角度，頗析《推背圖》
如何影響農民意識與心理，說明歷代農民在亂世之中，前仆後繼爭奪「天命

〔註28〕 蔡敦祺：《中國預測學史稿》（香港：香港人民出版社，2003 年），頁 388。
〔註29〕 王鴻生：〈曲折的勸戒和警示〉，《科技潮》第 2 期（1999 年），頁 27。

所歸」的動機，饒富見地。其在《鄉土心路八十年——中國近代化過程中農民意識的變遷》一書中記云：

> 世道一亂，天命所歸，歸到誰手裡還真沒準，叫人如何不想它？！
> 應該特地點出的是，近代農村的「皇帝案」尤其多，翻翻清末的刑部檔案，幾乎每年「逆案」均以十數計，一批批土頭土腦的，「帝王將相」丟了腦袋。……
>
> 在時局不靖、民心浮動時，他們很容易在《推背圖》、〈燒餅歌〉之類東西的蠱惑下鋌而走險。……
>
> 中國農民在砍頭、抄家、滅族的威脅下，從未斷了「取而代之」或一過皇帝癮的想頭。這說起來真像是天方夜譚，但是如果我們把農民這種心態放在中國整個社會歷史大背景下考察，也許就不會感到奇怪了。中國的歷史是一種週期性亂治交替的歷史，每次亂治之交，造成不少殺戮和破壞，也造就不少機會。中國的皇帝，就改朝換代而言，確實是「輪流做」的，像日本天皇那樣千年不易的帝位，在中國是不可想像的。……
>
> 世道滄桑容易令人對「機會」產生幻想。另一方面，長期在民間秘密流行的類似讖書一樣的東西，如《推背圖》、〈燒餅歌〉、《奇門遁甲》等，以及各種關於未來「天子」早期的異相、異行、異兆的傳說，也構成了農民「機會觀念」的文化氛圍。〔註30〕

張鳴以政治革命角度分析《推背圖》之類讖書，如何鼓動人民鋌而走險，圖謀「帝王將相」，自我催眠天命所歸，咸認真命天子，萬民莫敢不從。諷刺的是，接受了「洗腦」，反倒丟了「性命」，歷代大有人在，這也相當精確的點出《推背圖》之所以廣為流傳的文化氛圍與因素。尤其是，對於那些處心積慮圖謀不軌者而言，《推背圖》之類讖書，確有鼓動輿論挑起民間風潮的作用。

華東師範大學古籍研究所教授劉永翔《蓬山舟影》中專篇探討〈《推背圖》與〈燒餅歌〉〉，揭穿它們何以「靈驗」的騙局。其言：

> 前些日子，所謂的預言書《推背圖》與〈燒餅歌〉沉渣泛起，為人們所津津樂道，以為天下大勢，無不前定，而天機逗露，在此二書。

〔註30〕 張鳴：《鄉土心路八十年——中國近代化過程中農民意識的變遷》（西安：陝西人民出版社，2008年），頁199。

　　對其書深信不疑的，不但有略識文字的普通百姓，也有窮究萬卷的
知識份子。

　　但據我研究，此二書皆屬近人僞造……初讀此書，不免嘖嘖稱奇……
終於有一天，古彩戲法被我拆穿，我讀到《推背圖》的一些舊鈔本
和日本印本，上述的那些「奇驗」之語竟然無跡可循，取勘今本，
其他圖讖也十九不同，不覺恍然大悟：原來今本是根據史書時事，
將舊本偷樑換柱而成的！……

　　考今本的祖本實出於民初《中國預言（七種）》，何海鳴《求幸福齋
隨筆》記民國四年（1915）七月十八日，《時報》載袁世凱總統府之
內史監致函內務部，請查禁此書。劉成禹《洪憲紀事詩本事簿注》
卷二第九十四首注稱爲「德國圖書館《推背圖》」。此書當出於是年
七月之前，而是年初，日本開始逼中國政府簽署二十一條，《推背圖》
寫入日本，毫不足怪。……

　　那麼爲何《推背圖》、〈燒餅歌〉這兩個拙劣的騙局連許多飽學之士
也會上當呢？原因很簡單，不論中學還是西學，都有相信預言的傳
統，許多書籍言之鑿鑿，「君子可欺以其方」，如是而已。〔註31〕

劉永翔從史學校勘角度，分析古本《推背圖》甚至日本印本《推背圖》與民
國四年面世《推背圖》內容的殊異，直言指出現今流行的坊本（金聖嘆手批
《推背圖》），已驗者自唐朝直至抗日戰爭，其靈驗程度令人嘖嘖稱奇，但究
其本源，原來不過是民初時人僞作，一齣「君子可欺以其方」、連飽學之士都
深信不疑的欺世騙局。劉氏研究指出，民國四年面世《推背圖》，實與日本強
迫中國政府簽署二十一條有關，王亭之等先進已有提出類似質疑，亦與本研
究立論相合，由是可證，識者所見略同。另外，劉氏亦針對飽學之士之所以
深信坊本《推背圖》而不疑，提出了「君子可欺以其方」的看法，亦未嘗不
失爲一種觀點，也爲本研究所列諸多對《推背圖》深信不疑之各家，作一合
理解釋。

　　簡言之，認爲《推背圖》屬僞妄之作者頗眾，本節所列舉近代以來學人
及其觀點，即有顧炎武、章太炎、徐一士、錢穆、許地山、陳學霖、潘國森、
蔡敦祺、王鴻生、劉永翔等人之見。

〔註31〕劉永翔：《蓬山舟影》（上海：漢語大詞典出版社，2004 年），頁 188～191。

第三節 存疑保留者

　　關於《推背圖》信疑參半或者態度保留者，亦大有人在。清末民初錢玄同對《推背圖》看法，從相信到存疑的轉折，除反映了錢玄同思想的變化外，也提供了非常重要的訊息，亦即《推背圖》對於當時民心的影響，確實不容小覷。民國七年，錢玄同在《新青年》發表〈保護眼睛與換回人眼〉一文回應陳大齊的文章中，提及自己「曾經」相信《推背圖》預言確有靈驗：

　　　我在一九〇三以前……曾經罵過康，良變法，曾經罵過章，鄒革命，
　　　曾經相信過拳匪真會扶清滅洋；曾經相信過《推背圖》、〈燒餅歌〉
　　　確有靈驗……就是從一九〇四到一九一五（民國四年），這十二年
　　　間，雖然自以為比一九〇三以前荒謬程度略略減少。〔註32〕

臺灣中央研究院院士、香港中文大學勞思光教授認為《推背圖》版本有大致上有古本和清人續本二大系統，後出改編本以及今日的坊間本，都是經由後人不斷改編，將前面較不重要的圖刪去，而增加新圖以推算未來：

　　　從考證方面看，《推背圖》雖有古本和清人續本不同，其演變仍可考
　　　見。古本在宋人記載中屢屢提及（如岳珂的《桯史》，陸游的《南唐
　　　書》等等）。

　　　清本出於咸豐時，將前面較不重要的圖刪去，而增加新圖以推算未
　　　來。雖然這二大版本下又有若干小的版本異同，但基本情況仍很清
　　　楚。

　　　這一點是我考證《推背圖》最重要的收穫。……究是何人改編，自
　　　不可考。……研究預言的趣味，主要在於事件出現之前，能找出預
　　　言的確定解釋，再據以判斷某事，而看是否靈驗。……術數之事，
　　　當作娛樂，確勝過博奕。但若一昧崇信術數，反而廢棄了人事上應
　　　有的努力，則即是走入魔道。〔註33〕

王亭之在90年代明報專欄中曾撰文，回答讀者關於《推背圖》版本的提問，並以自己收藏六種不同年代版本《推背圖》分析，王氏立論與勞思光相近，將自己研究術數心得分享公眾，剖析《推背圖》預言之所以神驗異常，其實

〔註32〕 錢玄同：〈保護眼睛與換回人眼〉，《新青年》第5卷第6號（1918年6月），
　　　　頁626。
〔註33〕 勞思光：《解咒與立法》（臺北：三民書局，1991年），頁239～241。

有其背後因素，其云：

> 《推背圖》實在過分神異，愈晚出的版本，愈多歷史人物的名字，例如明鈔本，即無「白馬入門」這一象，蓋其時尚未知有「李闖」也；清鈔本則有之耳。此非改作者，何耶？若一定要説，唯此晚之本然後才是「秘笈」，在術者而言，立場固應如是，若不然便不能炫術數之神，可是聽者卻不妨用點腦。愈近眞的《推背圖》，一定愈簡樸，因爲造此書的人，只能見到或者算出一幅幅圖象，實不能給出具體的歲月及主名。
>
> 然而術者何以只見坊本，未見其餘五本，即便肯定坊本始爲眞本呢？那只是因爲，若不訂之爲眞便無話可説。其實我們只須想一想，既未見其餘，便謂之爲僞，這豈是持平的態度耶？若能如是想，便不致爲術者所惑矣。……若仔細比較，便會發覺，《推背圖》實不斷被人改動，將已知的歷史改成圖讖，加以比附，蓋實欲取信於當時人耳。是故愈晚出者，看起來會覺得愈準確。……因此，對於《推背圖》這類書，不必完全否定其預言的價值，但亦不必故神其説，尤其是不應將晚出改訂之本，加以穿鑿附會，用來神乎其詞，否則便屬妖言。妖言興，世道必衰。……《推背圖》是否眞的是李淳風與袁天綱的預言，其實都無可稽考，只是出現愈早的預言，流傳後卻每多改動，這些改動或出於好事文人之手，或出於方術之士，改動的目的無非爲了神話預言，使它更符合歷史事實。〔註34〕

謝貴安則從歷史學的角度分析，認爲《推背圖》在宋代前後即有，但未署名作者，後人乃假借李淳風、袁天綱盛名，並對內容改造，把不應驗的象進行更換，使之與已發生的歷史事件相符，到了從其內容來看，其金聖嘆的批註只到清末，從清末後就曖昧不清，很有可能是僞託者假藉金聖嘆所處的年代，讓其《推背圖》有合法性，而模糊其《推背圖》經過後世修改的痕跡；謝氏認爲坊間盛行今本《推背圖》爲民國時人僞造，目的可能出於愛國，爲鼓舞人心，假借《推背圖》盛名，預言日本侵略中華必敗。其所提論點有三：

第一，今本《推背圖》出於民國三十五年（1946）朱肖琴所編的《中國預言八種》，而《推背圖》原文所預言「準確」的事件亦剛好止於

〔註34〕王亭之：《方術紀異》（下）（香港：匯訊出版公司，1997年），頁208、256、257。

民國抗日戰爭之際，問世年代與其有效預言的截止年代十分吻合，難道僅僅是巧合？

第二，今本《推背圖》第七象圖中吐番裝束與第十二象契丹裝束、第十七象契丹裝束、第二十一象女真裝束幾乎完全一樣，全是滿清人穿的長袍馬褂加瓜皮帽……充分證明《推背圖》是滿清以後的人所畫。……

第三，今本《推背圖》問世的神秘傳說及偽證，也透露出此書出於民國的資訊。……以英語寫的題為「曼根氏」的跋及題為苕溪李中、清溪散人的跋語……三篇跋的作者都語焉不詳。英語跋題名為「曼根氏」，而英國人署名都要提上自己的名字和姓……此跋僅題曼根大為可疑。……此外兩篇中文跋的作者不是苕溪李中，就是清溪散人，姓名不正確，查之尤難，似是偽造者故意讓人難以查找的人名或號，以防洩密。〔註35〕

王溢嘉則藉由心理學及精神分析學方法，徵引清代朱翔清《埋憂續記》關於《推背圖》記載，探析古代對《推背圖》古典命定論的詮釋：

從《驗與不驗》到《推背圖》都是古典命定論不遺餘力地加以護衛的故事。他們很生動地呈現中國人在這方面的「觀念與情感之戀」。……《推背圖》是一種「故意說」。故事告訴我們，《推背圖》的每個預測原都是很準的，它之所以有些地方讓人看不懂、不太準，是因趙匡胤「故意」混淆視聽。〔註36〕

王溢嘉從心理學及精神分析學方法探討《推背圖》，別具新意，但王氏似乎有意迴避《推背圖》真偽的論斷，即便預言看不懂或不太準，也是其來有自，因為早在宋太祖趙匡胤當政就已「故意」混淆視聽，將《推背圖》順序內容弄亂，以致現在民間流傳的《推背圖》版本紛然雜陳，真真假假，讓人莫辨。

王泰權以託古偽書為例，提出其看法，直言《推背圖》非唐代李淳風所作，而係明末清初之際，綜整宋、元、明、清歷代玄學高手之作。其云：

前代中國人著書時，唯恐人不傳書，書以人傳，泰半有託古改制假

〔註35〕謝貴安：《中國讖謠文化研究》（海口：海南出版社，1998年），頁331～332。

〔註36〕王溢嘉：《中國人的心靈圖譜：命運》（桂林：廣西師範大學出版社，2007年），頁145、149。

借聖人之匿情，連中醫《黃帝內經》亦不脫離此種模式，難怪乎梁啓超（按：康有爲）《新學僞經考》，顧頡剛《古史辨》不惜花費大精神把歷代籍典作一番大批判，儘管，矯枉過正，然其來有自。所以《推背圖》的原始創群，廣義來說，是包括宋、元、明、清歷代玄學高手在內，每人有每段精華或吉光片羽，到了明末清初，才作成最後的大集合整理，以六十甲子的秩序作一完整的預言解釋，雖然作者已難考證，但無關本書的驗與不驗。〔註37〕

王泰權之說，否定《推背圖》乃唐代李淳風所作，而大膽推斷歷係經各代改寫，並經明末清初玄學高手，綜整宋、元、明、清歷代之作，惟作者已不可考。

從託古僞書切入，確有依據，惟明末清初玄學高手之說，缺乏有力文史資料佐證，較屬個人臆測，難以令人信服。再者，王氏書中誤繕《新學僞經考》作者爲梁啓超，本文引文已予更正爲康有爲，併此敘明。

《中國古代天書大系——中國古代秘書研究》云：

《推背圖》是封建社會鬥爭的歷史產物，……所流傳下來的《推背圖》絕不是一種樣式的版本，它是隨著統治政權的興替、朝代的更替而不斷變化。它不是什麼「天書」，也不能完全否定它，應該通過研究考察來辨別它的科學性與迷信色彩。〔註38〕

此語在術數之類書中屬少數持平之論，既不否定《推背圖》的歷史價值，也不誇大其內容神驗，並舉出《推背圖》版本隨著朝代更替而不斷變化，版本眾多，有助後人對《推背圖》之認識，惟該書僅收錄金聖嘆批註《推背圖》版本，代表性略有不足。

綜上分析，對於《推背圖》信疑立場有所保留者，認爲《推背圖》雖不斷被後人改造，作者已難以查考，但仍不否認《推背圖》的影響價值。此類包括勞思光、王亭之、謝貴安、王溢嘉、王泰權等人。

雖然目前仍難依據現存史料及其他出土證據，找出《推背圖》的原始作者，但已有足夠證據確定並非出自李淳風或袁天綱之手。事實上《推背圖》也已經歷經後人改寫而有不同版本，但是卻可透過學術研究途徑，客觀從大

〔註37〕 王泰權、侯德健：《2001‧大終結》〈推背圖詳解〉（臺北：韜略出版公司，1994年），頁 220～221。

〔註38〕 老根主編：《中國古代天書大系——中國古代秘書研究》（北京：中國戲劇出版社，1999 年），頁 1187。

量歷史文獻及資料記載，持平看待《推背圖》的深遠影響，並且可歸納出各家對《推背圖》的眞僞辨證，其實有其脈絡可循，尤其與其學術背景或自身經驗有關。大抵而言，經本研究歸納分析，傾向道家思想者多認爲《推背圖》爲眞，傾向儒家思想者多認爲《推背圖》爲僞，這其實是相當有意思的議題，也是學術研究中相當值得注意的觀察面向。綜而言之，即便《推背圖》並非出自李淳風、袁天綱之手，即便爲後人僞作無疑，但從學術研究角度而言，梁啓超在《古書眞僞及其年代》中，曾云：「僞書不可能憑空捏造，必須參考無數書籍」；張心澂輯《僞書通考》亦指出：「僞書反映了那個時代的眞實情況，有其相當價值，未必要全然捨棄，正確看待僞書的態度，是如何將其轉化爲有用的資料」。簡言之，僞書亦有其參考價值，此觀點亦可提供研究者跳脫《推背圖》眞眞假假的紛擾與迷思，從而持平看待其學術研究價值及影響。

第八章 結 論

一、唐朝確有《推背圖》此書，惟作者不詳，也非今存《推背圖》版本內容形式

據敦煌出土資料《大雲經疏》S2658 及 S6502 皆記有《推背圖》觀之，唐朝理應確有《推背圖》一書，但敦煌殘卷內文資料，未見作者且所記僅有文字並無圖式，也與今日坊間所見《推背圖》圖式與詩讖並列形式有所不同。換言之，現存《推背圖》以圖讖並列之形式，其祖本尚無資料證據佐證，即為唐代《大雲經疏》所記《推背圖》，不過顯然可見，不論是從敦煌殘卷所記《推背圖》內容「大蓄八月，聖明運翔止戈昌，女主立弓起唐唐，佞人去朝龍來防，劃清四海，整齊八方。」觀之，或者從歷來相傳各種版本《推背圖》中圖讖檢視，皆可見其來有自，皆直指「武后代唐」乃天命所歸；換言之，「武后代唐」此一真實事件，確實更加強化唐代以降朝野普遍對於天命、圖讖的信服與想像，也提供了後人編造《推背圖》的活水源頭。

二、今存《推背圖》係後人偽託，相傳唐司天監李淳風、袁天綱（罡）共撰並非事實

司天監乃唐乾元元年（758）改太史令而置，此距李淳風卒年（670）已遠，故而今存《推背圖》署名「唐司天監袁天罡、李淳風撰」反露破綻，啟人疑竇。再者，袁天綱長年在地方為火井令，李淳風則久居宮中太史局，正史所記亦未見互動密切，雖則《新唐書·藝文志》記有「李淳風、袁天綱共集《太白會運逆兆通代記圖》一卷」，姑且不論此條是否不確，即便所記屬實，

恐亦難以一廂情願推定二人有共撰《推背圖》之事。

　　另，據本研究查考，李淳風濃厚的儒家思想也不似後世附會穿鑿的道家之流，李淳風撰《推背圖》之說，正如紀昀在《四庫全書總目提要》喟然之言：「夫古書日亡而日少，淳風之書獨愈遠而愈增，其爲術家依託，大槩可見矣。」簡言之，今存《推背圖》並非唐李淳風、袁天綱（罡）之作，不僅版本混亂不一，作者亦已無可考。

三、清末民初流傳多款《推背圖》，實與當時在日本活動革命黨人關聯極大

　　今存《推背圖》版本混雜不一，尤其一九一一年日本東京刊行《推背圖說》與民國四年五月面世的金聖嘆批註《推背圖》，二書圖讖內容更是與明清時期流傳古本差異甚大。據陳學霖研究論文，認爲「《推背圖說》付梓者無疑是在日本活動的中國革命黨人」。再者，依本研究所得南社發起的靈魂人物陳巢南、高天梅、柳亞子等人皆爲革命黨人且多曾東渡日本。查民國四年上海出版金聖嘆批註《推背圖》之版式形貌爲六十象圖讖、每象皆置易辭、有讖有頌、並附有註語，也與其他古本僅有圖讖之形貌差異甚大，卻與清末革命黨人在日本東京活動出版《推背圖說》相近，據上推知，二版本之間應存有一定關聯及脈絡。

四、金聖嘆批註《推背圖》亦屬民國僞作，似與同年發生國事及南社詩社人物頗有關聯

　　舉凡時人著作提及金聖嘆批註《推背圖》者，皆有參與南社詩社之共同背景淵源。諸如：《清稗類鈔》作者徐珂等人。此條線索未見前人論及，尤其胡寄塵曾作《推背圖考》一事，以及南社靈魂人物與文明書局執事者多有關聯一事。查民國四年一月日使日置益把日本對中國的二十一條要求遞交給袁世凱，消息一出，舉國譁然，同年五月上海文明書局初版金聖嘆批註《推背圖》，二者時間之巧合似有蹊翹。但此版本六十象中有關清朝及民國圖讖甚多，甚至巧驗出書之後民國時事，故而信者頗眾，不乏知名學者，例如：歷史學家唐德剛等人，然而經本研究線索，此版本並非其自稱傳世眞本，亦與金聖嘆無關，反倒與民初南社及文明書局編輯〈徐珂、胡懷琛（寄塵）等人〉關聯頗深。

五、《推背圖》千年查禁卻流傳至今，與傳統文化及政治、社會氛圍有莫大關連

　　唐末時期至五代十國是中國政局動盪的年代，據宋人岳珂所記，《推背圖》在五代十國已流傳興盛，即便之後歷代明令禁止《推背圖》傳抄刊印，但仍在民間私傳不斷，尤其是政局動盪的年代，好事者更藉機惑眾，清末至民國時期更蔚為高峰。而「天命之說」、「巫祝祥異」、「讖緯術數」的傳統文化與社會氛圍提供了《推背圖》蘊生的溫床，再加上每象圖讖皆有圖畫輔助，即便目不識丁之流也能「望圖生義」，更滋養《推背圖》流傳千年而不衰，並且不斷由後人添加刪改，故而越晚出的版本，預言年代越往後推移，也益加神驗，例如：坊間金聖嘆批註《推背圖》。

六、《推背圖》宛若「圖讖版」的中國歷史興衰史，自唐以降迄今皆留下歷史印記

　　雖然作者已無可考，且歷代都有改為版本，但不可否認《推背圖》確實影響深遠，緊扣中國千年歷史興衰的預言書，以圖讖的型式輾轉流傳，即便在古代封建社會被列為禁書，但仍在文人雅士間私下相傳，之後更成為明清民間祕密宗教寶典，以及革命黨人輿論工具，吾人可從本研究所爬梳整理歷代流傳考資料中，以及眾多版本不一《推背圖》分別典藏於國內、外相關學術研究機關或者國家級圖書館善本室，即可知確有其特殊文化意義，並在歷朝各代中留下流傳歷史印記，甚至坊間盛傳之金聖嘆批註《推背圖》版本，雖屬民國時期偽作，但在當年國難當頭之際，也確有激勵民族意識對抗日本侵華之功。易言之，《推背圖》的流傳史堪稱為「圖讖版」的中國歷史興衰史，實不宜以輕率之態度鄙棄不究，將其歸類於迷信偽妄之書。

七、《推背圖》隱語展現中國文字精妙，可任意拆解組合另成新意，各家解讀亦不同

　　詩讖云「有一武人身帶弓」可作「夷」字解，解讀為夷族入主；也可望文生義，視作武官圖謀奪位。歷史上知名的「吳越錢鏐諸子。皆連弘字。」也是錢鏐圖應詩讖「有一真人在冀州、開口持弓向外邊」之語，以應天命之說，結果卻是徒勞無功。持平而言，從文藝特點角度觀之，《推背圖》詩讖文字的隱語特質，可從劉勰《文心雕龍・諧讔》專篇中得到論證基礎，並可從籤詩發展溯源自讖書，按「讖」與「籤」二字均見於《說文》，二字於六書均

屬轉注，本可互訓，求籤在唐末五代史料已有明確記載，至宋代則盛行迄今，就某種程度而言，《推背圖》之類讖書「有圖有文」形式，確實與民間寺廟之籤詩形式近似，明、清之際《推背圖》更成爲民間秘密宗教寶典。

八、《推背圖》圖讖預示後事以推斷事務之演變，提供後代的文藝創作素材及靈感

明刻本《水滸傳》第一百一十回〈燕青秋林渡射鴈・宋江東京城獻俘〉，有段關於方臘的描述，即爲引述《推背圖》推斷事物演變，方臘藉以「上應天書」強化造反之由，明刻本《六十種曲・雙烈記》也有段方臘科白，自言「上應天書」道自己有天子福分。近人蔡東藩《五代史演義》、《宋史演義》也一再將《推背圖》融入歷史小說創作情節之中，姚雪垠長篇歷史小說《李自成》亦然。另如：陸圻《讖言・南都蟒蛇倉》、脂硯齋甲戌本《石頭記》眉批預示十二金釵命運、吳趼人《新石頭記》賈玉在書堆中翻出一包禁書、唐浩明《楊度》袁克定自以爲應讖、丘逢甲〈用前韻賦答人境盧主見和之作〉、魯迅〈推背圖〉、茅盾〈故鄉雜記〉、郁達夫〈上海茶樓〉、楊平〈或者預言家〉等等，皆在作品中提及《推背圖》，凡此種種不勝枚舉，創作形式也包括戲曲、小說、筆記、雜文、新詩不同體裁類別，由是觀之，《推背圖》圖讖預示後事形式，的確提供後代不少文藝創作素材及靈感。

九、《推背圖》眞僞之辨，歷來各家看法不一，其中不乏各學術領域飽學之士

《推背圖》傳世至今，不僅版本不一，信疑者皆各有所據及自己看法，包括各學術領域皆有，諸如：歷史、政治、哲學、文學、法學、物理、氣象、傳播、心理學等等，依本研究整理歸納，信疑者大多與其本身經驗及儒道學術背景相關，相信者《推背圖》爲李淳風、袁天綱所撰並流傳至今者，以道家思想或具玄學背景者爲多，諸如：劉克莊、何海鳴、徐珂等輩；而認爲《推背圖》僞妄蓋屬後人編造者，多屬儒家思想或科學背景者，諸如：顧炎武、章太炎、錢穆之流。

十、《推背圖》學術研究尚乏堅實基礎，訛傳誤謬之論，實宜正之以免誤導後人

何衛國〈金陵十二金釵冊子蠡測〉「金批本原刊本現藏於臺北，惜無緣一

見。」仲林《方術》「現今最常見的本子是明末清初大才子金聖嘆評點本，原書現仍保存於臺北故宮博物院。」皆屬訛誤之見，編造「故宮收藏金批本《推背圖》原刊本」係屬好事者虛構謠傳之說，意圖假借故宮珍品權威性蒙混金聖嘆批註《推背圖》的真實性罷了。此外，亦有大陸學者或謂李世瑜在德國刊物發現的版本，可能是最接近原始版本的古本，亦屬不確，實則此德國刊物乃1973年德國鮑爾教授《Das Bild in der Weissage-Literatur Chinas》專著，其中轉引收錄日本中野達教授收藏繪本，然而相較近年來相繼公諸於世的各國圖書館、學術機構及民間收藏家之各款古繪本《推背圖》，該版本並無特別稀罕之處，不足為奇。

　　總而言之，《推背圖》這種緊扣歷代政治興衰的預言書，看似荒誕無稽，但無可諱言，這種觀念影響民智未開的傳統中國甚深，且各朝歷代深信不疑者，大有人在，甚至驚動朝廷列為禁書或者故意混淆順序。《推背圖》雖然迭遭歷代君王禁絕，史冊所記亦語焉不詳，但民間仍私傳抄錄刊印不絕，至今存世仍有眾多不同版本，此禁之不絕文化現象，頗值吾人深思。依據本專書研究，國外早於1970年代即有學者專家研究《推背圖》，諸如：日本國學院大學中野達教授、德國慕尼黑大學鮑爾教授、美國哈佛大學東亞語言文化學系派崔克教授等人；而《推背圖》之所以引起他們的關注，與其說他們想從圖讖中找出「預言」天機，倒不如說他們是從學術角度視作一種「文化」研究。

　　而本專書研究的主要研究目的，也不在窮究世界上到底存有多少種版本《推背圖》。雖然本研究應係目前蒐集《推背圖》版本最多之研究，但本研究並無意於探索眾說紛紜的版本中，到底何者才是傳世真本？事實上，從本研究蒐集材料及證據顯示，唐代理應有所謂《推背圖》一書，但遺憾的是於今已不復見，亦難有直接證據或間接推論唐代《推背圖》原始樣貌為何？易言之，世傳今存世的眾多版本，皆屬後人不斷刪增版本。

　　蓋今人所見的諸多版本，據本研究考證，皆屬偽託唐代李淳風、袁天綱之作，所驗民國以前史實者，多屬「有徵於前、立言於後」的事後偽作，即便「立言於前、有徵於後」應驗民國之後史實者，也多係信迷者穿鑿附會詩讖文字，甚至同一詩讖也往往眾說紛紜，並無一定科學根據，由是，關於各

象詩讖本研究未予深究解讀。至於坊間金聖嘆批註《推背圖》版本，從民國四年五月面世以來，信從者頗眾，獨領風騷迄今，儼為千年傳世珍本，然而透過本研究嚴謹考證分析，所謂千年神驗天書終究仍是民國肇建偽作，金聖嘆批註《推背圖》一事，更屬無稽。

　　然而，從政治、社會、文化以及藝文研究角度分析，千百年來，《推背圖》對於中華民族的影響，確有其不可忽略的研究價值。特別是，本專書研究整理大量有關《推背圖》歷代流傳脈絡，以及影響後代藝文創作及形式，應可裨益各界參考。

　　尤其是在已邁入 21 世紀科學昌明的今日，《推背圖》文本傳播不單只是透過口語或紙本傳播，更以現代影視文本形式詮釋，甚至於經由無遠弗屆的網路科技載具，大家對於《推背圖》的熱烈討論方興未艾，此點，可從 Google 約有 1,200 萬筆資料，〔註1〕即可佐證。

　　跳脫《推背圖》圖讖究為天機或屬迷信的辨證，也姑且不論各朝歷代版本不一的紛擾，事實上它確確實實已經流傳了千年之久，並伴隨著人民的情感與記憶，一起從古代走到當代，甚至未來。本研究專書「《推背圖》研究」於此際作一整理，期以揭開《推背圖》流傳千年神秘面紗，並在浩瀚文史典籍中，留下個人研究心得與貢獻。

　　最後，謹將本書獻給我至愛的父母以及開示我智慧的聖嚴法師。同時，也感謝劉新白教授的提攜與何沛雄教授的指導研究，黃秀政教授費心刪訂博士論文與推薦，以及花木蘭文化出版社輯刊出版。本書的研究及撰寫過程中，承蒙羅宗濤教授、胡春惠教授、李立信教授、李志文教授、蕭國健教授、黃復山教授、何廣棪教授、莫貽謀教授等人提供寶貴學術研究與見解，讓我在學術的這條道路，得以站在巨人的肩膀上，在此一併致謝。

〔註 1〕 Google 檢索《推背圖》資料，上網日期：2012 年 12 月 30 日。

附　圖

【附圖一】

日本東京 Nakano Toru 教授藏本
肅親王府藏本《推背圖》

【附圖二】

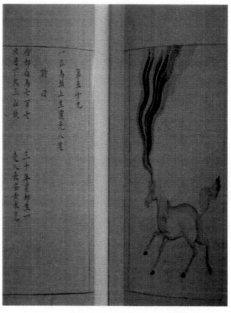

日本東京 Nakano Toru 教授藏本
白紙彩色繪圖本（《推背圖轉金鎖鑰》）

【附圖三】

美國柏克萊加州大學藏本

【附圖四】

美國哈佛大學燕京圖書館藏本

【附圖五】

臺灣中央研究院歷史語言研究所
傅斯年圖書館藏本

【附圖六】

日本學者石山福治藏本

【附圖七】

臺灣國家圖書館收藏
潘氏滂喜齋鈔繪本

【附圖八】

《*Das Bild in der Weissage-Literatur Chinas*》
慕尼黑大學鮑爾 Prof. Bauer, Wolfgang 著

【附圖九】

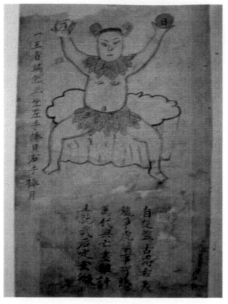

肅親王府藏本《推背圖》
中野達《中國預言書傳本集成》

【附圖十】

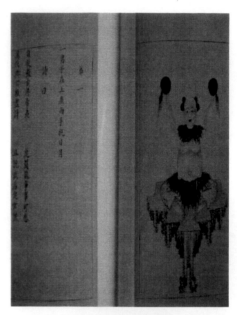

《推背圖轉金鎖鑰》

【附圖十一】

荷蘭萊頓大學漢學研究院圖書館所藏
高延珍藏本《推背圖讖》

【附圖十二】

荷蘭萊頓大學漢學研究院圖書館所藏
高羅佩藏本《舊鈔推背圖》

【附圖十三】

荷蘭萊頓大學漢學研究院圖書館所藏
吳氏藏本《袁天罡推背圖》

【附圖十四】

香港中央圖書館所藏《推背圖說》
上海天利書局印行

【附圖十五】

香港中央圖書館所藏
上海天利書局印行

【附圖十六】

《中國古籍文獻拍賣圖錄》清刻本
北京：北京圖書館出版社，2003 年

【附圖十七】

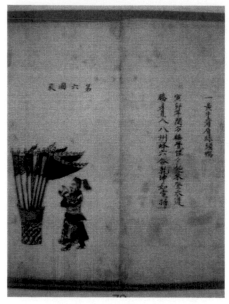

《中國古籍文獻拍賣圖錄年鑑》清抄繪本
北京：中華書局，2005 年

【附圖十八】

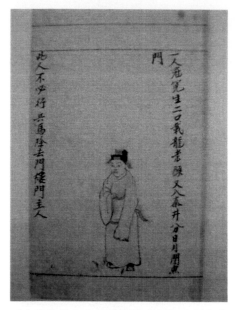

《中國古籍文獻拍賣圖錄年鑑》清彩繪本
北京：中華書局，2005 年

【附圖十九】

《中國古籍文獻拍賣圖錄》清抄本
北京：北京圖書館出版社，2003 年

【附圖二十】

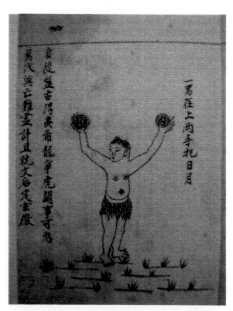

《中國古籍文獻拍賣圖錄年鑑》舊繪本
北京：中華書局，2005 年

【附圖二一】

《中國古籍文獻拍賣圖錄年鑑》清彩繪本
北京：中華書局，2005 年

【附圖二二】

《中國古籍文獻拍賣圖錄》舊手繪本
北京：北京圖書館出版社，2003 年

【附圖二三】

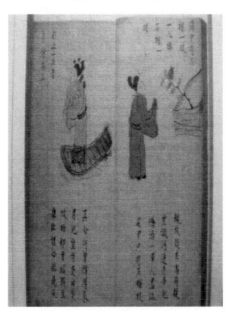

《中國古籍文獻拍賣圖錄》清抄繪本
北京：北京圖書館出版社，2003 年

【附圖二四】

《推背圖》評注評析
北京：師範大學出版社，1992 年

【附圖二五】

民國初年坊間刊本，未列出版單位

【附圖二六】

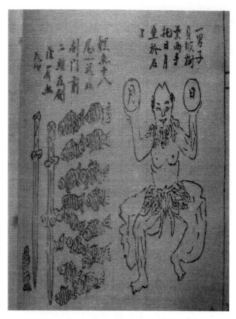

民國初年坊間刊本，未列出版單位

【附圖二七】

《*Das Bild in der Weissage-Literatur Chinas*》
內文登錄東京祕本印本

【附圖二八】

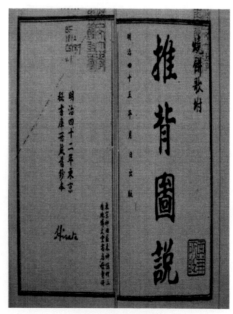

香港中文大學藏本
東京祕書庫所藏舊鈔本

【附圖二九】

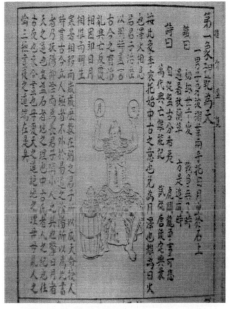

民國刊本《推背圖說》，上海天利書局

【附圖三十】

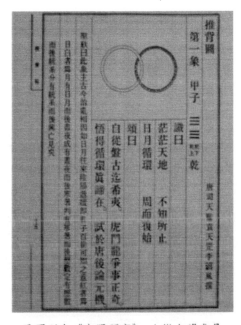

民國刊本《中國預言》，上海文明書局

【附圖三一】

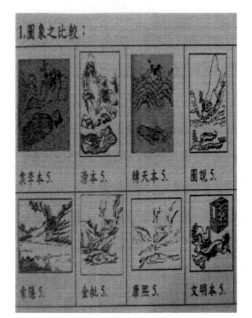

淡江大學黃復山教授
《推背圖版本流傳考》

【附圖三二】

淡江大學黃復山教授
《推背圖版本流傳考》

【附圖三三】

敦煌洞窟《大雲經疏》S6502

【附圖三四】

敦煌洞窟《大雲經疏》S2658

【附圖三五】

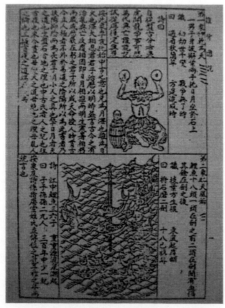

王見川等編《明清民間宗教經卷文獻續編》
收錄《推背圖》四種，其一

【附圖三六】

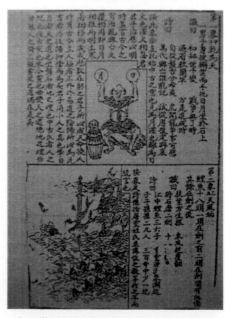

王見川等編《明清民間宗教經卷文獻續編》
收錄《推背圖》四種，其二

　　　　　【附圖三八】

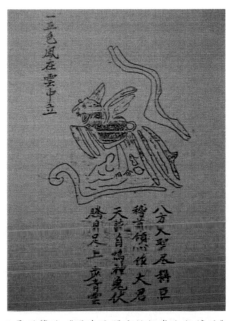

王見川等編《明清民間宗教經卷文獻續編》　　王見川等編《明清民間宗教經卷文獻續編》
收錄《推背圖》四種，其三　　　　　收錄《推背圖》四種，其四

【附圖三九】　　　　　　【附圖四十】

王見川等編《中國預言救劫書彙編》　　文明學社發行原本詳解《推背圖說》

【附圖四一】　　　　　　　【附圖四二】

香港中文大學館藏《歷代帝王治世應運圖說》，又題《推背圖說》

【附圖四三】　　　　　　　【附圖四四】

臺灣國家圖書館收藏
潘氏滂喜齋鈔繪本

臺灣國家圖書館收藏
清抄彩繪本

【附圖四五】

美國國會圖書館收藏
手抄彩繪本

【附圖四六】

臺灣國家圖書館收藏
《萬年曆理數歌》推背圖一卷

【附圖四七】

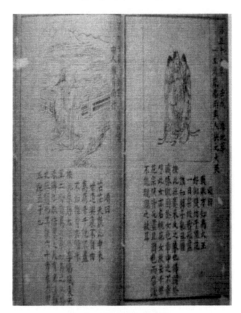

晚清刊行《推背圖》
《占測趣談》，頁163

【附圖四八】

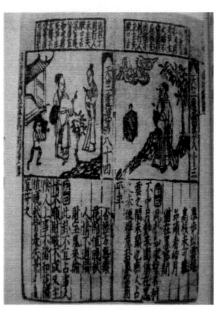

南宋刊《天竺靈籤》鄭振鐸收藏
《中國版本文化叢書插圖本》，頁116

附錄：金聖嘆批註《推背圖》

第一象　甲子 ䷀ 乾下乾上　乾

讖　　曰：茫茫天地，不知所止。日月循環，周而復始。

頌　　曰：自從盤古迄希夷，虎鬥龍爭事正奇。悟得循環真
諦在，試於唐後論元機。

聖嘆曰：此象主古今治亂相因，如日月往來，陰陽遞嬗，即孔子百世可知
之意，紅者為日，白者為月，有日月而後晝夜成，有晝夜而後寒
暑判，有寒暑而後歷數定，有歷數而後統系分，有統系而後興亡
見矣。

第二象　乙丑 ䷫ 巽下乾上　姤

讖　　曰：纍纍碩果，莫明其數。一果一仁，即新即故。

頌　　曰：萬物土中生，二九先成實。一統定中原，陰盛陽
先竭。

聖嘆曰：一盤果子即李實也，其數二十一，自唐高祖至昭
宣凡二十一主。二九者指唐祚二百八十九年。陰盛者指武曌當
國，淫昏亂政，幾危唐代。厥後開元之治雖足媲貞觀，而貴妃召
禍，乘輿播遷，女寵代興，良娣繼之，亦始非陰盛之象。

第三象　丙寅 ䷠ 艮下乾上　遯

讖　　曰：日月當空，照臨下土。撲朔迷離，不文亦武。

頌　　曰：參遍空王色相空，一朝重入帝王宮。遺枝撥盡根猶
在，喔喔晨雞孰是雄。

聖嘆曰：此象主武曌當國，廢中宗於房州，殺唐宗室殆盡。

初武氏削髮爲尼，故有參遍空王之句。高宗廢后王氏而立之，故有喔喔晨雞孰是雄之兆。

第四象　丁卯 ䷋ 坤下乾上　否

讖　曰：飛者不飛，走者自走。振羽高岡，乃克有後。

頌　曰：威行青女實權奇，極目蕭條十八枝。賴有猴兒齊
　　　　著力，已傾大樹仗扶持。

聖嘆曰：此象主狄仁傑薦張柬之等五人反周爲唐。武后嘗
　　　　夢鸚鵡兩翼俱折，狄仁傑曰：武者陛下之姓也，起二子則兩翼折
　　　　矣。五猴指張柬之等五人。

第五象　戊辰 ䷓ 坤下巽上　觀

讖　曰：楊花飛，蜀道難。截斷竹簫方見日，更無一吏乃
　　　　平安。

頌　曰：漁陽鼙鼓過潼關，此日君王幸劍山。木易若逢山
　　　　下鬼，定於此處葬金環。

聖嘆曰：一馬鞍指安祿山，一史書指史思明。一婦人死臥地上，乃貴妃死
　　　　於馬嵬坡。截斷竹簫者肅宗即位，而安史之亂平。

第六象　己巳 ䷖ 坤下艮上　剝

讖　曰：非都是都，非皇是皇。陰霾既去，日月復光。

頌　曰：大幟巍巍樹兩京，輦輿今日又東行。乾坤再造人
　　　　民樂，一二年來見太平。

聖嘆曰：此象主明皇還西京，至德二載九月，廣平王俶郭
　　　　子儀收復西京，十月收復東京，安史之亂盡弭，十二月迎上皇還
　　　　西京，故云再造。

第七象　庚午 ䷘ 震下乾上　无妄

讖　曰：旌節滿我目，山川跼我足。破關客乍來，陡令中原哭。

頌　曰：螻蟻從來足潰隄，六宮深鎖夢全非。重門金鼓含兵氣，
　　　　小草滋生土口啼。

聖嘆曰：此象主藩鎮跋扈及吐蕃入寇中原。

第八象　辛未　䷢ 坤下離上　晉

讖　曰：攙槍血中土，破賊還爲賊。朵朵李花飛，帝日遷
　　　　大吉。

頌　曰：天子蒙塵馬首東，居然三傑踞關中。孤軍一駐安
　　　　社稷，內外能收手臂功。

聖嘆曰：此象主建中之亂，三人者李希烈、朱泚、李懷光也。李懷光以破
　　　　朱泚功，爲盧杞所忌，遂反，故曰破賊還爲賊。三人先後犯闕，
　　　　德宗乘輿播遷，賴李晟以孤軍收復京城，而社稷重安矣。

第九象　壬申　䷍ 乾下離上　大有

讖　曰：非白非黑，草頭人出。借得一枝，滿天飛血。

頌　曰：萬人頭上起英雄，血染河山日色紅。一樹李花都慘
　　　　淡，可憐巢覆亦成空。

聖嘆曰：此象主黃巢作亂，唐祚至昭宗。朱溫弒之以自立，
　　　　改國號梁溫，爲黃巢舊黨，故曰巢覆亦成空。

第十象　癸酉　䷜ 坎下坎上　坎

讖　口：蕩蕩中原，莫禦八牛。泗水不滌，有血無頭。

頌　曰：一后二主盡升遐，四海茫茫總一家。不但我生還
　　　　殺我，回頭還有李兒花。

聖嘆曰：此象主朱溫弒何皇后、昭宣、昭宗而自立，所謂
　　　　一后二主也。未幾爲次子友珪所弒，是頌中第三句意。李克用之
　　　　子存勗代父復仇，百戰滅梁，改稱後唐，是頌中第四句意。

第十一象　申戌　䷻ 兌下坎上　節

讖　曰：五人同卜，非祿非福。兼而言之，喜怒哀樂。

頌　曰：龍蛇相鬥三十年，一日同光直上天。上得天堂好
　　　　游戲，東兵百萬入秦川。

聖嘆曰：此象主伶人郭從謙作亂，唐主爲流矢所中。

第十二象　乙亥　䷂ 震下坎上　屯

讖　曰：塊然一石，謂他人父。統二八州，已非唐土。

頌　曰：反兆先多口，出入皆無主。繫鈴自解鈴，父亡子亦
　　　　死。

聖嘆曰：此象主石敬塘求救于契丹。唐主遣張敬達討石敬
　　　　塘，敬塘不得已，求救于契丹，事之以父禮，賄
　　　　之以幽薊十六州。晉帝之立固契丹功也，然卒以契丹亡，故有繫
　　　　鈴解鈴之兆。

第十三象　丙子 ䷾ 離下坎上　既濟

讖　曰：漢水竭，雀高飛。飛來飛去何所止，高山不及城
　　　　郭低。

頌　曰：百個雀兒水上飛，九十九個過山西。惟有一個踏
　　　　破足，高棲獨自理毛衣。

聖嘆曰：此象主周主郭威奪漢自立。郭威少賤，世稱之曰郭雀兒。

第十四象　丁丑 ䷰ 離下兌上　革

讖　曰：李樹得根芽，石榴漫放花。枯木逢春只一瞬，讓他天
　　　　下競榮華。

頌　曰：金木水火土已終，十三童子五王公。英明重見太平日，
　　　　五十三參運不通。

聖嘆曰：此象主周世宗承郭威受命為五代之終，世宗姓柴名榮，英明武
　　　　斷，勤於為治，惜功業未竟而殂。五代共五十三年，凡八姓十三
　　　　主，頌意顯然。

第十五象　戊寅 ䷶ 離下震上　豐

讖　曰：天有日月，地有山川。海內紛紛，父後子前。

頌　曰：戰事中原迄未休，幾人高枕臥金戈。寰中自有真
　　　　天子，掃盡群妖見日頭。

聖嘆曰：此象主五代末造，割據者星羅棋布，惟吳越錢氏
　　　　錢鏐四世稍圖治安，南唐李氏李昇三世略知文物，餘悉淫亂昏
　　　　虐。太祖崛起，拯民水火。太祖小名香孩兒，手執帚者，掃除群
　　　　雄也。

第十六象　己卯 ䷣ 離下坤上　明夷

讖　曰：天一生水，姿稟聖武。順天應人，無今無古。

頌　曰：納土姓錢並姓李，其餘相次朝天子。天將一統付
　　　　眞人，不殺人民更全嗣。

聖嘆曰：此象主宋太祖受禪汴都，天下大定，錢李二氏相
　　　　率歸化，此一治也。

第十七象　庚辰 ䷆ 坎下坤上　師

讖　曰：聲赫赫，干戈息。掃邊氛，奠邦邑。

頌　曰：天子親征乍渡河，歡聲百里起謳歌。運籌幸有完
　　　　全女，奏得奇功在議和。

聖嘆曰：此象主宋眞宗澶淵之役。景德元年，契丹大眾入
　　　　寇，寇準勸帝親征，完全女指準言，乃幸澶淵。既渡河，遠近望
　　　　見御蓋皆踴躍呼萬歲，聲聞數十里，契丹奪氣，遂議和。

第十八象　辛巳 ䷳ 艮下艮上　艮

讖　曰：天下之母，金刀伏兔。三八之年，治安鞏固。

頌　曰：水旱頻仍不是災，力扶幼主鎮埏垓。朝中又見釵
　　　　光照，宇內承平氣象開。

聖嘆曰：此象主仁宗嗣立，劉太后垂簾聽政。旁有一犬，
　　　　其惟狄青乎。

第十九象　壬午 ䷕ 離下艮上　賁

讖　曰：眾人囂囂，盡入其室。百萬雄師，頭上一石。

頌　曰：朝用奇謀夕喪師，人民西北盡流離。韶華雖好春
　　　　光老，悔不深居坐殿墀。

聖嘆曰：此象主神宗誤用安石，引用群邪，致啓邊釁，用
　　　　兵西北，喪師百萬。熙寧初，王韶上平戎三策，安石驚爲奇謀，
　　　　力薦於神宗，致肇此禍。

第二十象　癸未 ䷌ 離下乾上　同人

讖　曰：朝無光，日月盲。莫與京，終旁皇。

頌　曰：父子同心并同道，中天日月手中物。
奇雲翻過北海頭，鳳闕龍廷生怛惻。
聖嘆曰：此象主司馬光卒，蔡京父子弄權，群小朋興，賢
　　　　良受錮，有日月晦盲之象。

第二十一象　甲申 ䷨ 兌下艮上　損

讖　曰：空廄宮中，雪深三尺。吁嗟元首首，南轅北轍。
頌　曰：妖氛未靖不康甯，北掃烽煙望帝京。異姓立朝終
　　　　國位，卜世三六又南行。
聖嘆曰：此象主金兵南下，徽宗禪位。靖康元年十一月，
　　　　京師陷，明年四月，金以二帝及宗室妃嬪北去，立張邦昌爲帝。
　　　　卜世三六者，舉其大數，宋自太祖至徽欽，凡一百七十二年。

第二十二象　乙酉 ䷥ 兌下離上　睽

讖　曰：天馬當空，否極見泰。鳳鳳淼淼，木菁大賴。
頌　曰：神京王氣滿東南，禍水汪洋把策干。一木會支二
　　　　八月，臨行馬色半平安。
聖嘆曰：此象康王南渡。建都臨安，秦檜專權，遂成偏安
　　　　之局。木菁，康王名構。一木會支二八月者，指秦檜也，木會爲
　　　　檜，春半秋半，卻成一秦字。

第二十三象　丙戌 ䷉ 兌下乾上　履

讖　曰：似道非道，乾沈坤黯。祥光宇內，一江斷楫。
頌　曰：胡兒大張撻伐威，兩柱擎天力不支。如何兵火連天
　　　　夜，猶自張燈作水嬉。
聖嘆曰：此象主賈似道當權，汪立信文天祥輩不能以獨力支
　　　　持宋室。襄樊圍急，西子湖邊似道猶張燈夜宴，宋室之亡其宜也。

第二十四象　丁亥 ䷷ 兌下巽上　中孚

讖　曰：山厓海邊，不帝亦仙。二九四八，於萬斯年。
頌　曰：十一卜人小月終，回天無力道俱窮。干戈四起疑
　　　　無路，指點洪濤巨浪中。
聖嘆曰：此象主帝昺遷厓山，元令張弘範來攻，宋將張世

傑兵潰，陸秀夫負帝赴海，宋室以亡。

第二十五象　戊子 ䷴ 艮下巽上　漸

讖　曰：北帝南臣，一兀自立。幹難河水，燕巢捕麥。

頌　曰：鼎足爭雄事本奇，一狼二鼠判須臾。北關鎖鑰雖牢
　　　　固，子子孫孫五五宜。

聖嘆曰：此象主元太祖稱帝難河，太祖名鐵木眞，元代凡十
　　　　主。斧鐵也，柄木也，斧柄十段即隱十主之意。

第二十六象　己丑 ䷲ 震下震上　震

讖　曰：時無夜，年無米。花不花，賊四起。

頌　曰：鼎沸中原木木來，四方警報起邊埃。房中自有長
　　　　生術，莫怪都城徹夜開。

聖嘆曰：此象主順帝惑西僧房中運氣之術，溺於娛樂，以
　　　　致劉福通、徐壽輝、方國珍、明玉珍、張士誠，陳友諒等狼顧鴟
　　　　張，乘機而起。宦官樸不花壅不上聞，至徐達，常遇春直入京師，
　　　　都城夜開，毫無警備。有元一代竟喪於淫僧之手，不亦哀哉。劉
　　　　福通立韓林兒爲帝，故曰木木來。

第二十七象　庚寅 ䷏ 乾下震上　豫

讖　曰：惟日與月，下民之極。應運而興，其色曰赤。

頌　曰：枝枝葉葉現金光，晃晃朗朗照四方。江東岸上光明
　　　　起，談空說偈有眞王。

聖嘆曰：此象明太祖登極。太祖曾爲皇覺寺僧，洪武一代，
　　　　海內熙洽，治臻太平。

第二十八象　辛卯 ䷧ 坎下震上　解

讖　曰：草頭火腳，宮闕灰飛。家中有鳥，郊外有尼。

頌　曰：羽滿高飛日，爭妍有李花。眞龍游四海，方外是
　　　　吾家。

聖嘆曰：此象主燕王起兵，李景隆迎燕兵入都，宮中大
　　　　火，建文祝髮出亡。

第二十九象　壬辰 ䷟ 巽下震上　恆

讖　曰：枝發厥榮，爲國之棟。皞皞熙熙，康樂利眾。

頌　曰：一枝向北一枝東，又有南枝種亦同。宇內同歌賢
　　　　母德，眞有三代之遺風。

聖嘆曰：此象主宣宗時張太后用楊士奇、楊溥、楊榮三
　　　　人，能使天下又安，希風三代，此一治也。時人稱士奇爲西楊，
　　　　溥爲南楊，榮爲東楊。

第三十象　癸巳 ䷭ 巽下坤上　升

讖　曰：半圭半林，合則生變。石亦有靈，生榮死賤。

頌　曰：缺一不成也占先，六龍親御到胡邊。天心復見人
　　　　心順，相克相生馬不前。

聖嘆曰：此象主張太后崩權歸王振，致有乜先之患。其後
　　　　上皇復辟，石亨自詡首功，卒以恣橫伏誅，此一亂也。

第三十一象　甲午 ䷤ 離下巽上　家人

讖　曰：當塗遺孽，穢亂宮闕。一男一女，斷送人國。

頌　曰：忠臣賢士盡沉淪，天啓其衷亂更紛。縱有胸懷能
　　　　坦白，乾坤不屬舊明君。

聖嘆曰：此象主天啓七年間，妖氣漫天，元氣受傷。一男
　　　　一女指魏閹與客氏而言。客氏熹宗乳母，稱奉聖夫人。

第三十二象　乙未 ䷯ 巽下坎上　井

讖　曰：馬跡北闕，犬嗷西方。八九數盡，日月無光。

頌　曰：楊花落盡李花殘，五色旗分自北來。太息金陵王
　　　　氣盡，一枝春色占長安。

聖嘆曰：此象主李闖、張獻忠擾亂中原，崇禎投繯梅山，
　　　　福王偏安不久，明祀遂亡。頌末句似指胡后，大有深意。

第三十三象　丙申 ䷛ 巽下兌上　大過

讖　曰：黃河水清，氣順則治。主客不分，地支無子。

頌　曰：天長白瀑來，胡人氣不衰。藩籬多撤去，稚子半可哀。

聖嘆曰：此象乃滿清入關之徵。反客為主，殆亦氣數使
　　　　然，非人力所能挽回歟。遼金而後，胡人兩主中
　　　　原，瑣瑣漢族，對之得毋有愧？

第三十四象　丁酉 ䷸ 巽下巽上　巽

讖　曰：頭有髮，衣怕白。太平時，王殺王。

頌　曰：太平又見血花飛，五色章成裏外衣。洪水滔天苗
　　　　不秀，中原曾見夢全非。

聖嘆曰：證已往之事易，推未來之事難，然既證已往，不
　　　　得不推及將來。吾但願自此以後，吾所謂平治者皆幸而中，吾所
　　　　謂不平治者幸而不中，而吾或可告無罪矣。此象疑遭水災或兵戎
　　　　與大災共見，此一亂也。

第三十五象　戊戌 ䷐ 震下兌上　隨

讖　曰：西方有人，足踏神京。帝出不還，三台扶傾。

頌　曰：黑雲黯黯自西來，帝子臨河築金台。南有兵戎北
　　　　有火，中興曾見有奇才。

聖嘆曰：此象疑有出狩事，亦亂兆也。

第三十六象　己亥 ䷈ 乾下巽上　小畜

讖　曰：纖纖女子，赤手禦敵。不分禍福，燈光蔽日。

頌　曰：雙拳旋轉乾坤，海內無端不靖。母子不分先後，
　　　　西望長安入觀。

聖嘆曰：此象疑一女子能定中原，建都長安。

第三十七象　庚子 ䷩ 震下巽上　益

讖　曰：漢水茫茫，不統繼統。南北不分，和衷與共。

頌　曰：水清終有竭，倒戈逢八月。海內竟無王，半凶還
　　　　半吉。

聖嘆曰：此象雖有元首出現，而一時未易平治，亦一亂
　　　　也。

第三十八象　辛丑 ䷔ 震下離上　噬嗑

讖　曰：門外一鹿，群雄爭逐。劫及鳶魚，水深火熱。

頌　曰：火運開時禍蔓延，萬人後死萬人生。海波能使江
　　　　河濁，境外何殊在目前。

聖嘆曰：此象兵禍起於門外，有延及門內之兆。

第三十九象　壬寅 ䷚ 巽下兌上　頤

讖　曰：鳥無足，山有月。旭初升，人都哭。

頌　曰：十二月中氣不和，南山有雀北山羅。一朝聽得金
　　　　雞叫，大海沉沉日已過。

聖嘆曰：此象疑一外夷擾亂中原，必至酉年始得平定也。

第四十象　癸卯 ䷑ 巽下艮上　蠱

讖　曰：一二三四，無土有主。小小天罡，垂拱而治。

頌　曰：一口東來氣太驕，腳下無履首無毛。若逢木子冰
　　　　霜渙，生我者猴死我雕。

聖嘆曰：此象有一李姓，能服東夷，而不能圖長治久安之
　　　　策，卒至旋治旋亂，有獸活禽死之意也。

第四十一象　甲辰 ䷝ 離下離上　離

讖　曰：天地晦盲，草木繁殖。陰陽反背，上土下日。

頌　曰：帽兒須戴血無頭，手弄乾坤何日休。九十九年成大錯，
　　　　稱王只合在秦州。

聖嘆曰：此象一武士擅握兵權，致肇地覆天翻之禍，或一白姓
　　　　者平之。

第四十二象　乙巳 ䷷ 艮下離上　旅

讖　曰：美人自西來，朝中日漸安。長弓在地，危而不危。

頌　曰：西方女子琵琶仙，皎皎衣裳色更鮮。此時渾跡匿朝
　　　　市，鬧亂君臣百萬般。

聖嘆曰：此象疑一女子當國，服色尚白，大權獨攬，幾危社
　　　　稷，發現或在卯年，此始亂之兆也。

第四十三象　丙午 ䷰ 巽下離上　鼎

讖　曰：君非君，臣非臣。始艱危，終克定。

頌　曰：黑兔走入青龍穴，欲盡不盡不可說。唯有外邊根樹
　　　　上，三十年中子孫結。

聖嘆曰：此象疑前象女子亂國未終，君臣出狩，有一傑出之
　　　　人為之底定，然必在三十年後。

第四十四象　丁未 ䷿ 坎下離上　未濟

讖　曰：日月麗天，群陰懾服。百靈來朝，雙羽四足。

頌　曰：中國而今有聖人，雖非豪傑也周成。四夷重譯稱天子，
　　　　否極泰來九國春。

聖嘆曰：此象乃聖人復生，四夷來朝之兆，一大治也。

第四十五象　戊申 ䷃ 坎下艮上　蒙

讖　曰：有客西來，至東而止。木火金水，洗此大恥。

頌　曰：炎運宏開世界同，金烏隱匿白洋中。從今不敢稱
　　　　雄長，兵氣全銷運已終。

聖嘆曰：此象于太平之世復見兵戎，當在海洋之上，自此
　　　　之後，更臻盛世矣。

第四十六象　己酉 ䷺ 坎下巽上　渙

讖　曰：黯黯陰霾，殺不用刀。萬人不死，一人難逃。

頌　曰：有一軍人身帶弓，只言我是白頭翁。東邊門裏伏金劍，
　　　　勇士後門入帝宮。

聖嘆曰：此象疑君王昏瞶，一勇士仗義興兵，為民請命，故曰
　　　　萬人不死一人難逃。

第四十七象　庚戌 ䷅ 坎下乾上　訟

讖　曰：偃武修文，紫薇星明。匹夫有責，一言為評。

頌　曰：無王無帝定乾坤，來自田間第一人。好把舊書多
　　　　讀到，義言一出見英明。

聖嘆曰：此象有賢君下士，豪傑來歸之兆，蓋輔助得人，

而帝不居德，王不居功，蒸蒸然有無為而治之盛。此一治也。

第四十八象　辛亥　☰ 離下乾上　同人

讖　曰：卯午之間，厥象維離。八牛牽動，雍雍熙熙。

頌　曰：水火既濟人民吉，手執金戈不殺賊。五十年中一
　　　　將臣，青青草自田間出。

聖嘆曰：此象疑一朱姓與一苗姓爭朝綱，而朱姓有以德服
　　　　人之化，龍蛇相鬥，想在辰巳之年，其建都或在南方。

第四十九象　壬子　☷ 坤下坤上　坤

讖　曰：山谷少人口，欲剿失其巢。帝王稱弟兄，紛紛是
　　　　英豪。

頌　曰：一個或人口內啼，分南分北分東西。六爻占盡文
　　　　明見，棋布星羅日月齊。

聖嘆曰：久分必合，久合必分，理數然也，然有文明之象，當不如割據者
　　　　之紛擾也。

第五十象　癸丑　☳ 震下坤上　復

讖　曰：水火相戰，時窮則變。貞下起元，獸貴人賤。

頌　曰：虎頭人遇虎頭年，白米盈倉不值錢。豺狼結隊街
　　　　中走，撥盡風雲始見天。

聖嘆曰：此象遇寅年必遭大亂，君昏臣暴，下民無生息之
　　　　日，又一亂也。

第五十一象　甲寅　☱ 兌下坤上　臨

讖　曰：陰陽和，化以正。坤順而感，後見堯舜。

頌　曰：誰云女子尚剛強，坤德居然感四方。重見中天新
　　　　氣象，卜年一六壽而康。

聖嘆曰：此象乃明君得賢后之助，化行國內，重見昇平，
　　　　又一治也。

第五十二象　乙卯　☰ 乾下坤上　泰

讖　曰：慧星乍見，不利東北。踽踽何之，瞻彼樂國。

頌　曰：欃槍一點現東方，吳楚依然有帝王。門外客來終不久，
　　　　乾坤再造在角亢。

聖嘆曰：此象主東北被夷人所擾，有遷都南方之兆。角亢南極
　　　　也。其後有明君出，驅逐外人，再慶昇平。

第五十三象　丙辰 ䷡ 乾下震上　大壯

讖　曰：關中天子，禮賢下士。順天休命，半老有子。

頌　曰：一個孝子自西來，手握乾綱天下安。域中兩見旌
　　　　旗美，前人不及後人才。

聖嘆曰：此象乃一秦姓名孝者，登極關中，控制南北，或
　　　　以秦為國號，此一治也。

第五十四象　丁巳 ䷪ 乾下兌上　夬

讖　曰：磊磊落落，殘棋一局。啄息苟安，雖笑亦哭。

頌　曰：不分牛鼠與牛羊，去毛存鞹尚稱強。寰中自有眞
　　　　龍出，九曲黃河水不黃。

聖嘆曰：此象有實去名存之兆，或如周末時，號令不行，
　　　　尚頒正朔，亦久合必分之徵也。

第五十五象　戊午 ䷄ 乾下坎上　需

讖　曰：懼則生戒，無遠勿屆。水邊有女，對日自拜。

頌　曰：覬覦神器終無用，翼翼小心有臣眾。轉危為安見節
　　　　義，未必河山是我送。

聖嘆曰：此象有一石姓或劉姓一統中原，有一姓汝者謀篡奪
　　　　之，幸有大臣盡忠王室，戒謹惕勵，一切外侮不滅自滅，雖亂而
　　　　亦治也。

第五十六象　己未 ䷇ 坤下坎上　比

讖　曰：飛者非鳥，潛者非魚。戰不在兵，造化游戲。

頌　曰：海疆萬里盡雲煙，上迄雲霄下及泉。金母木公工幻
　　　　弄，干戈未接禍連天。

聖嘆曰：此象行軍用火，即戰不在兵之意。頌云，海疆萬里，

則戰爭之烈，不僅在於中國也。

第五十七象　庚申 ䷹ 兌下兌上　兌

讖　曰：物極必反，以毒制毒。三尺童子，四夷讋服。

頌　曰：坎離相剋見天倪，天使斯人弭殺機。不信奇才產吳
　　　　越，重洋從此戢兵師。

聖嘆曰：此象言吳越之間有一童子，能出奇制勝，將燎原之
　　　　火撲滅淨盡，而厄運自此終矣，又一治也。

第五十八象　辛酉 ䷮ 坎下兌上　困

讖　曰：大亂平，四夷服。稱弟兄，六七國。

頌　曰：烽煙淨盡海無波，稱帝稱王又統和。猶有煞星隱西
　　　　北，未能遍唱太平歌。

聖嘆曰：此象有四夷來王，海不揚波之兆。惜乎西北一隅尚
　　　　未平靖，猶有遺憾，又一治也。

第五十九象　壬戌 ䷞ 艮下兌上　咸

讖　曰：無城無府，無爾無我。天下一家，治臻大化。

頌　曰：一人為大世界福，手執籤筒拔去竹。紅黃黑白不分明，
　　　　東南西北盡和睦。

聖嘆曰：此乃大同之象，人生其際，飲和食德，當不知若何愉
　　　　快也。惜乎其數已終，其或反本歸原，還於混噩歟。

第六十象　癸亥 ䷬ 坤下兌上　萃

讖　曰：一陰一陽，無終無始。終者自終，始者自始。

頌　曰：茫茫天數此中求，世道興衰不自由。萬萬千千說不盡，
　　　　不如推背去歸休。

聖嘆曰：一人在前，一人在後，有往無來，無獨有偶，以此殿
　　　　圖，其寓意至深遠。蓋無象之象，勝於有象，我亦以不解解之，
　　　　著者有知當亦許可。

重要參考資料

一、古文專書

1. 〔漢〕王充：《論衡》，臺北：世界書局，1964 年。
2. 〔唐〕吳兢撰：《貞觀政要》，臺北：臺灣商務印書館，1964 年。
3. 〔唐〕張鷟撰：《朝野僉載》，西安：三秦出版社，2004 年。
4. 〔唐〕魏徵・令狐德棻撰：《隋書》，北京：中華書局，1973 年。
5. 〔唐〕房玄齡等撰：《晉書》，北京：中華書局，1974 年。
6. 〔後晉〕劉昫等撰：《舊唐書》，北京：中華書局，1975 年。
7. 〔梁〕劉勰撰：《元刊本文心雕龍》，上海：古籍出版社，1993 年。
8. 〔梁〕劉勰撰・羅立乾注譯、李振興校閱：《新譯文心雕龍》，臺北：三民書局，1999 年。
9. 〔宋〕王溥撰：《唐會要》，上海：上海古籍出版社，2006 年。
10. 〔宋〕司馬光編著：《資治通鑑》，臺北：中華書局，1956 年。
11. 〔宋〕佚名撰・嚴一萍選輯：《新編分門古今類事》，臺北：藝文印書館，1964 年。
12. 〔宋〕吳淑：《事類賦注》，北京：中華書局，1989 年。
13. 〔宋〕李昉等編撰：《太平廣記》，北京：中華書局，1961 年。
14. 〔宋〕李燾撰：《續資治通鑑長編》，臺北：世界書局，1961 年。
15. 〔宋〕沈括撰・胡道靜校注：《新校正夢溪筆談》，香港：中華書局，1987 年。
16. 〔宋〕岳珂撰・吳企明點校：《桯史》，北京：中華書局，1981 年。
17. 〔宋〕范曄撰：《後漢書》，北京：中華書局，1973 年。
18. 〔宋〕洪邁撰・孔凡禮點校：《容齋隨筆》，北京：中華書局，2006 年。

19. 〔宋〕莊綽撰・蕭魯陽點校:《雞肋篇》,北京:中華書局,1983 年。

20. 〔宋〕《新編五代史平話》,臺北:河洛圖書出版社,1977 年。

21. 〔宋〕歐陽修等撰:《新唐書》,北京:中華書局,1975 年。

22. 〔宋〕蘇軾撰・王松齡點校:《東坡志林》,北京:中華書局,2002 年。

23. 〔元〕《大元聖政國朝典章》,臺北:文海出版社,1964 年。

24. 〔元〕朱思本:《貞一齋詩文稿》,臺北:臺灣商務印書館,1981 年。

25. 〔元〕孔克齊撰・莊敏、顧新點校:《至正直記》,上海:上海古籍出版社,1987 年。

26. 〔元〕施耐庵:《水滸後傳》,臺北:文化圖書出版社,1991 年。

27. 〔元〕脫脫等撰:《宋史》,北京:中華書局,1977 年。

28. 〔元〕脫脫等撰:《金史》,北京:中華書局,1975 年。

29. 〔元〕脫脫等撰:《遼史》,北京:中華書局,1974 年。

30. 〔明〕《明神宗實錄》校勘本,臺北:中央研究院歷史研究所,1966 年。

31. 〔明〕《明憲宗實錄》校勘本,臺北:中央研究院歷史研究所,1964 年。

32. 〔明〕毛晉:《六十種曲》,臺北:臺灣開明書局,1970 年。

33. 〔明〕宋濂等撰:《元史》,北京:中華書局,1976 年。

34. 〔明〕李東陽等撰:《大明會典》,臺北:國風出版社,1963 年。

35. 〔明〕何喬遠:《明山藏》,北京:北京大學出版社,1993 年。

36. 〔明〕余繼登:《皇明典故紀聞》,北京:書目文獻出版社,1995 年。

37. 〔明〕沈德符:《萬曆野獲編》,臺北:偉文圖書出版社,1976 年。

38. 〔明〕祁承㸁撰:《澹生堂藏書目》,北京:中華書局,1999 年。

39. 〔明〕胡應麟撰:《四部正譌》,臺北:臺灣開明書局,1969 年。

40. 〔明〕郎瑛:《七修類稿》,北京:文化藝術出版社,1998 年。

41. 〔明〕陸容:《菽園雜記》,民國二十六年上海商務印書館涵芬樓景印明刊本。

42. 〔明〕黃景昉撰:《國史唯疑》,上海:上海古籍出版社,2002 年。

43. 〔明〕謝肇淛:《五雜組》,臺北:新興書局,1971 年。

44. 〔明〕顧炎武:《原抄本日知錄》,臺北:臺灣明倫書局,1979 年。

45. 〔清〕《文淵閣四庫全書》,臺北:臺灣商務印書館,1986 年。

46. 〔清〕《二十四史》,北京:中華書局,1997 年。

47. 〔清〕丁仁撰:《八千卷樓書目》,民國鉛印本。

48. 〔清〕何良棟:《皇朝經世文四編》,臺北:文海出版社,1972 年。

49. 〔清〕李星沅:《李文恭公遺集》,清同治刻本。

50. 〔清〕那彥成:《那文毅公奏議》,清道光刻本。

51. 〔清〕計六奇著‧王雲五主編:《明季北略》,臺北:臺灣商務印書館,1978 年。

52. 〔清〕金聖嘆:《沉吟樓詩選》,上海:上海古籍出版社,1979 年。

53. 〔清〕金聖嘆:《金聖嘆全集》,臺北:長安出版社,1986 年。

54. 〔清〕紀昀:《四庫全書總目提要》,臺北:國立故宮博物院,1983 年。

55. 〔清〕孫寶瑄:《忘山廬日記》,上海:上海古籍出版社,1983 年。

56. 〔清〕徐養原:《清經解》,南京:鳳凰出版社,2005 年。

57. 〔清〕袁枚:《新齊諧——子不語》,濟南:齊魯書社,2004 年。

58. 〔清〕梁清遠撰:《雕丘雜錄》卷十一,東齋掌鈔,清康熙二十一年梁允桓刻本。

59. 〔清〕陳康祺:《郎潛紀聞》,臺北:成文出版社,1968 年。

60. 〔清〕鄭光祖:《一斑錄》,清道光舟車所至叢書本。

61. 〔清〕盧秉鈞:《紅杏山房聞見隨筆》,清光緒十八年盧氏家塾刻本。

62. 〔清〕康熙敕編:《全唐詩》,康熙四十五年編成,揚州詩局刻本。

63. 〔清〕張英、王世禎等編:《淵鑑類函》,臺北:新興書局,1971 年。

64. 〔清〕張廷玉等撰:《明史》,北京:中華書局,1974 年。

65. 〔清〕趙爾巽等撰:《清史稿》,北京:中華書局,1977 年。

66. 〔清〕錢謙益:《牧齋初學集》,上海:上海古籍出版社,1985 年。

67. 〔清〕薛福成:《庸盦筆記》,臺北:廣文書局,1969 年。

二、現代專書

1. 《書目類編》,臺北:成文出版社,1978 年。

2. 《筆記小說大觀》,臺北:新興書局,1979 年。

3. 《筆記小說大觀十編》,臺北:新興書局,1975 年。

4. 《筆記小說大觀叢刊》,臺北:新興書局,1981 年。

5. 《傳世藏書》,臺北:新興書局,1981 年。

6. 《叢書集成續編》,上海:上海書店出版社,1994 年。

7. 《續藏經》,臺北:中國佛教會影印卍續藏經委員會,1968 年。

8. 上海古籍出版社編:《宋元筆記小說大觀》,上海:古籍出版社,2007 年。

9. 上海古籍出版社編纂委員會編:《續修四庫全書》,上海:上海古籍出版社,2002 年。

10. 上海書店出版社編:《清代文字獄檔》,上海:上海書店出版社,2007年。

11. 中共中央文獻研究室:《建國以來重要文獻選編》,北京:中央文獻出版社,1992年。

12. 中國野史集成編委會、四川大學圖書館編:《中國野史集成》,成都:巴蜀書社,1993年。

13. 中國歷史博物館圖書資料信息中心編:《中國歷史博物館藏普通古籍目錄》,北京:北京圖書館出版社,2002年。

14. 尹章義:《臺灣近代史論》,臺北:自立晚報社,1986年。

15. 孔德懋:《孔府內宅軼事》,臺北:傳記文學出版社,1991年。

16. 日本大東文化大學編:《現代漢日辭海》,北京:北京大學,1999年。

17. 王玉德:《方士的歷史》,北京:中國文史出版社,2005年。

18. 王見川、車錫倫等:《明清民間宗教經卷文獻續編》,臺北:新文豐出版公司,2006年。

19. 王見川、宋軍、范純武:《中國預言救劫書彙編》,臺北:新文豐出版公司,2010年。

20. 王亭之:《方術紀異》,香港:匯訊出版公司,1997年。

21. 王秋桂、李豐懋編:《中國民間信仰資料彙編》,臺北:臺灣學生書局,1989年。

22. 王彬:《禁書·文字獄》,北京:中國工人出版社,1992年。

23. 王雲五主編:《古今謠諺》,臺北:臺灣商務印書館,1973年。

24. 王雲五編著:《王雲五大辭典》,上海:商務印書館,1937年。

25. 王溢嘉:《中國人的心靈圖譜:命運》,桂林:廣西師範大學出版社,2007年。

26. 丘逢甲:《嶺雲海日樓詩鈔》,臺北:文海出版社,1970年。

27. 北大圖書館編:《北京大學圖書館藏古籍善本書目》,北京:北大圖書館出版社,1999年。

28. 北京市文物事務管理局編:《北京名勝古蹟辭典》,北京:燕山出版社,1989年。

29. 北京歷史博物館主編:《中國近代史參考圖片集》,上海:上海教育出版社,1958年。

30. 弘力:《推背圖天機與剖析中國命運諸預言》,澳洲:新樂國際出版社,1995年。

31. 仲林:《方術》,重慶:重慶出版社,2006年。

32. 任繼愈編:《中國基本古籍資料庫》,北京:黃山書社,2005年。

33. 冰心：《冰心全集》，福州：海峽文藝出版社，1994 年。

34. 向斯：《皇帝的佛緣》，北京：紫禁城出版社，2004 年。

35. 安平秋、章培桓編：《中國禁書大觀》，上海：上海文化出版社，1990 年。

36. 安居香山、中村璋八輯：《緯書輯成》（中文版），石家莊：河北人民出版社，1994 年。

37. 朱肖琴註：《中國預言八種》，臺北：集文書局，1984 年。

38. 朱毅麟撰：《廣辭林》，臺北：東華書局，1986 年。

39. 老根主編：《中國古代天書大系——中國古代秘書研究》，北京：中國戲劇出版社，1999 年。

40. 何海鳴：《求幸福齋隨筆》，上海：民權出版社，1916 年。

41. 何遠景主編：《內蒙古自治區線裝古籍聯合目錄》，北京：北京圖書館出版社，2004 年。

42. 吳偉業：《倭寇紀略》，臺北：新興書局，1978 年。

43. 吳趼人：《新石頭記》，江西：江西人民出版社，1988 年。

44. 宋光宇主編：《正宗神乩書畫冊》，臺北：財團法人正宗書畫社，1995 年。

45. 宋會群：《中國術數文化史》，開封：河南大學出版社，1999 年。

46. 李世瑜：《寶卷論集》，臺北：蘭臺網路，2007 年。

47. 李金洲：《西安事變親歷記》，臺北：傳記文學出版社，1972 年。

48. 李連斌注編：《推背圖點注評析》，河北：北京師範大學出版社，1992 年。

49. 李零主編：《中國方術概觀》，北京：人民中國出版社，1993 年。

50. 肖振鳴編：《魯迅評點中外名著》，福建：福建教育出版社，2006 年。

51. 車錫倫：《中國寶卷總目》，北京：北京燕山出版社，2000 年。

52. 辛夷、成志偉編：《中國典故大辭典》，北京：北京燕山出版社，1991 年。

53. 周作人：《苦竹雜記》，石家莊：河北教育出版社，2001 年。

54. 林在勇：《怪異：神乎其神的智慧》，臺北：新潮社，2005 年。

55. 林宜學編：《中國預言之謎》，臺北：希代書版公司，1972 年。

56. 林語堂編：《當代漢英辭典》，香港：中文大學出版社，1972 年。

57. 芮傳明：《中國古代迷信群體研究》，廣州：廣東人民出版社，2005 年。

58. 姜尋：《中國古籍文獻拍賣圖錄》，北京：北京圖書館出版社，2003 年。

59. 姜尋：《中華古籍文獻拍賣圖錄年鑑 2003 年卷》，北京：中華書局，2004 年。

60. 姜尋：《中華古籍文獻拍賣圖錄年鑑 2004 年卷》，北京：中華書局，2005年。

61. 姜尋：《中華拍賣古籍文獻目錄》，上海：上海書店出版社，2001 年。

62. 姚雪垠：《李自成》，北京：中國青年出版社，1999 年。

63. 柏大東亞圖書館編：《柏克萊加州大學東亞圖書館中文古籍善本書志》，上海：上海古籍出版社，2005 年。

64. 柳亞子：《南社紀略》，上海：上海人民出版社，1983 年。

65. 胡奇光：《中國文禍史》，上海：人民出版社，1993 年。

66. 胡眞、張葵在：《占測趣談》，上海：古籍出版社，2005 年。

67. 茅盾：《茅盾全集》，北京：人民文學出版社，1986 年。

68. 香港珠海書院編，《羅香林教授紀念論文集》，臺北：新文豐出版，1992年。

69. 唐弢：《唐弢雜文集》，北京：社會科學文獻出版社，1995 年

70. 唐浩明：《楊度》，北京：人民文學出版社，2002 年。

71. 唐德剛：《晚清七十年》，臺北：遠流出版公司，1988 年。

72. 夏徵農主編：《語詞辭海》，上海：上海辭書出版社，1991 年。

73. 夏徵農主編：《大辭海·中國古代史卷》，上海：上海辭書出版社，2005年。

74. 孫中旺編，《金聖嘆研究資料匯編》，揚州：廣陵書社，2007 年。

75. 徐一士：《一士類稿》，臺北：文海出版社，1966 年。

76. 徐有春主編：《民國人物大辭典》，石家莊：河北人民出版社，2007 年。

77. 徐珂編：《清稗類鈔》，臺北：臺灣商務印書館，1983 年。

78. 秦翰才：《滿宮殘照記》，長沙：岳麓書社，1986 年。

79. 馬敘倫：《石屋續瀋》，上海：建文書店，1949 年。

80. 國立中央圖書館編：《國立中央圖書館善本序跋集錄》，臺北：國立中央圖書，1992 年。

81. 國立故宮博物院：《國立故宮博物院善本舊籍總目》，臺北：國立故宮博物院，1983 年。

82. 陸保璿編撰：《滿清稗史》，北京：中國書店，1987 年。

83. 張心澂：《僞書通考》，臺北：宏業書局，1975 年。

84. 張守常輯：《中國近世謠諺》，北京：北京出版社，1998 年。

85. 張開沅等主編：《辛亥革命史資料新編》，武漢：湖北人民出版社，2006年。

86. 張傳峰：《四庫全書總目學術思想研究》，上海：學林出版社，2007 年。

87. 張鳴：《鄉土心路八十年》，西安：陝西人民出版社，2008 年。

88. 許嘯天輯：《國故學討論集》，上海：上海書店影印群學社，1927 年。

89. 梁實秋：《遠東漢英大辭典》，臺北：遠東圖書公司，1992 年。

90. 梁實秋總審定：《名揚百科大辭典》，臺北：名揚出版社，1985 年。

91. 許地山：《扶乩迷信的研究》，臺北：臺灣商務印書館，1966 年。

92. 許嘯天輯：《國故學討論集》，上海：上海書店影印群學社，1927 年。

93. 郭成偉點校：《大元通制條格》，北京：法律出版社，1999 年。

94. 郭春梅、張慶傑：《世俗迷信與中國社會》，北京：宗教文化出版社，2001 年。

95. 陳永正主編：《中國方術大辭典》，廣州：中山大學出版社，1991 年。

96. 陳遠、于首奎、梅良模等主編：《世界百科大辭典》，濟南：山東教育出版社，1992 年。

97. 陳錦撰：《補勤詩存》，卷二十三，捧檄集，清光緒三年橘蔭軒刻・光緒十年增修本。

98. 章士釗：《柳文指要》，北京：中華書局，1971 年。

99. 章太炎：《國學講演錄》，上海：東華師範大學出版社，1995 年。

100. 章開沅等主編：《辛亥革命史料新編》，武漢：湖北人民出版社，2006 年。

101. 莊吉發：《眞空家鄉：清代民間秘密宗教史研究》，臺北：文史哲出版社，2002 年。

102. 勞思光：《解咒與立法》，臺北：三民書局，1991 年。

103. 喻松青：《民國秘密宗教經卷研究》，臺北：聯經出版社，1994 年。

104. 游建西：《道家史略論稿》，北京：光明日報出版社，2006 年。

105. 馮天瑜主編：《中華文化辭典》，武漢：武漢大學出版社，2001 年。

106. 馮玉祥：《馮玉祥選集》，北京：人民出版社，1998 年。

107. 馮建三編：《自反縮不縮？新聞系七十年》，臺北：政大新聞學系，2005 年。

108. 黃文秀、吳平主編：《華東師範大學圖書館藏稀見方志叢刊》，北京：北京圖書館出版社，2005 年。

109. 黃永武編：《敦煌寶藏》，臺北：新文豐出版公司，1984 年。

110. 黃永武：《黃永武隨筆》，臺北：洪範書店有限公司，2008 年。

111. 黃季陸主編：《革命文獻第四十七輯——討袁史料》，臺北：中央文物供應社，1969 年。

112. 黃彥、李伯新選編：《孫中山藏檔選編》，北京：中華書局，1986 年。

113. 黃修已：《趙樹理評傳》，南京：江蘇人民出版社，1981 年。

114. 黃郛:《歐戰之教訓與中國之將來》,臺北:文海出版社,1967 年。

115. 黃彰健編:《明代律例彙編》,臺北:中央研究院歷史研究所,1994 年。

116. 愛新覺羅・毓嶦:《愛新覺羅・毓嶦回憶錄》,香港:和平圖書公司,2003 年。

117. 楊紅林編:《歷史上的大預言》,臺北:知本家文化事業公司,2010 年。

118. 楊家駱編:《唐會要》,臺北:世界書局,1974 年。

119. 溥儀:《我的前半生全本》,北京:群眾出版社,2007 年。

120. 賈晉華主編:《香港所藏古籍書目》,上海:上海古籍出版社,2003 年。

121. 趙生群、方向東主編:《古文獻研究集刊・第一輯》,南京:鳳凰出版社,2007 年。

122. 趙傳仁、鮑廷毅等主編:《中國書名釋義大辭典》,濟南:山東友誼出版社,2007 年。

123. 劉令興:《五代史演義》,臺北:明格打字刻印行,1986 年。

124. 劉永翔:《蓬山舟影》,上海:漢語大詞典出版社,2004 年。

125. 劉俊文點校:《唐律疏議》,北京:法律出版社,1998 年。

126. 劉剛:《孫中山與臨時大總統府》,南京:南京出版社,2002 年。

127. 劉紹唐:《民國人物小傳》,臺北:傳記文學,1998 年。

128. 劉萬國、侯文富編:《中國成語辭海》,臺北:建宏出版社,2005 年。

129. 歐陽健:《還原脂硯齋》,哈爾濱:黑龍江教育出版社,2003 年。

130. 潘喆等輯:《清入關前史料選輯》,北京:北京中國人民大學出版社,1984 年。

131. 蔡東藩:《五代史演義》,臺北:文化圖書公司,1988 年。

132. 蔡東藩:《宋史演義》,臺北:商兆文化公司,2006 年。

133. 蔡敦祺:《中國預測學史稿》,香港:香港人民出版社,2003 年。

134. 衛紹生:《中國古代占卜術》,河南:中州古籍出版社,1991 年。

135. 魯迅:《魯迅全集》,香港:文學研究社,1973 年。

136. 盧嘉錫總主編:《中國科學技術史》,北京:科學出版社,1998 年。

137. 蕭登福:《讖緯與道教》,臺北:文津出版社,2000 年。

138. 遼寧圖書館等主編:《東北地區古籍線裝書聯合書目》,瀋陽:遼海出版社,2003 年。

139. 錢穆:《中國文學論叢》,臺北:東大圖書館出版社,1991 年。

140. 錢穆:《中國思想通俗講話》,臺北:素書樓文教基金會出版,2001 年。

141. 錢穆:《國史新論》,北京:三聯書店,2001 年。

142. 閻振興、高明總監修:《中文百科大辭典》,臺北:旺文社,1993 年。

143. 謝貴安：《中國讖謠文化研究》，海口：海南出版社，1998 年。

144. 鍾肇鵬：《讖緯論略》，瀋陽：遼寧教育出版社，1991 年。

145. 薩孟武：《學生時代》，臺北：三民書局，2005 年。

146. 懶散道人編：《近人筆記》，臺北：廣文書局，1981 年。

147. 羅剛：《中華民國國父實錄》，臺北：羅剛先生三民主義獎學金基金會，1988 年。

148. 羅偉國・胡平編：《古籍版本題記索引》，上海：上海書局，1991 年。

149. 鐘叔河編：《知堂書話》，臺北：百川書局，1989 年。

150. 顧頡剛：《古史辨》，上海：上海古籍出版社，1982 年。

三、外文專書

1. 《*Das Bild in der Weissage-Literatur Chinas*》（München: Heinz Moos Verlag, 1973）。

2. 《*The Great Prophecies of China by Li Chunfeng and Yuan Tienkang*》（New York: Franklin Co, 1950）。

3. 《*The Military Prophecies of China*》（Canada: Vision Press Films, 2007）。

4. 下中彌三郎編：《大百科事典》，東京：株式會社平凡社，1931 年。

5. 中野江漢著、中野達編：《北京繁昌記》，東京：株式會社東方書店，1993 年。

6. 中野達編著：《中國預言書傳本集成》，東京：勉誠出版，2001 年。

7. 石山福治：《豫言集解説》，東京：第一書房，1935 年。

8. 安居香山、中村璋八輯：《重修緯書集成》，東京：株式會社明德出版社，1973 年。

9. 諸橋轍次：《大漢和辭典》再版本，東京：大修館書店，1959 年。

四、其　他

1. 中研院瀚典全文檢索系統 http://www.sinica.edu.tw/~tdbproj/handy1

2. 中華電子佛典協會 http://www.cbeta.org/result/search.htm

3. 香港新亞書院典籍資料庫
   http://www.hkedcity.net/project/newasia/resources

4. 國立故宮博物院藝術史討論區 http://arthf.npm.gov.tw/art/dc/d_day.asp

5. 臺灣國家圖書館中文古籍書目資料庫
   http://rarebook.ncl.edu.tw/rbook.cgi/frameset4.htm

6. 維基百科全書 http://zh.wikipedia.org